The Wisdom of Hebrew Bible
& Ethics of the Fathers

石角完爾
Kanji Ishizumi

ユダヤ知的創造のルーツ

超一流を育てる

不屈の精神＋究極の習慣

大和書房

はじめに――なぜユダヤ人は経済的に成功するのか？

「どうしてユダヤ人には経済的な成功者が多いのか、その秘密をユダヤ人である石角先生から学びたい」という依頼が私のもとには頻繁《ひんぱん》に届く。

日本の方々には一種の偏見があって、ユダヤ人には経済的な成功者が多いと思い込んでいるようだが、実際、ユダヤ人になってユダヤ社会に入ってみると、その思い込みはまったくの誤解であると断言できる。

しかし一方において、世界的に見るとユダヤ人の経済的成功者が目に付くことも事実である。

日本人でも孫正義や柳井正といった経済的に大いに成功している経営者は確かにいるが、どうしてもグローバルレベルでは、ロスチャイルド財閥（Rothschild）や投資家のジョージ・ソロス（George Soros）、経営学者のピーター・F・ドラッカー（Peter Ferdinand Drucker）、ミシンを発明したアイザック・メリット・シンガー（Isaac Merritt Singer）、ジーンズ会社の創設者リーヴァイ・ストラウス（Levi Strauss）、化粧品ブランドのエスティ・ローダー（Estée Lauder）やレブロンのチャールズ・レブソン（Charles Revson）、ゴールドマン・サックス創業者のマーカス・ゴールドマン（Marcus Goldman）、アメリカの3大ネットワークのひとつ、NBCの創業者であるデイヴィッド・サーノフ（David Sarnoff）とCBSの創業者であるウィリアム・パイリー（William Paley）、スターバックスの創業者ハワード・シュルツ（Howard Schultz）、ファッション業界を代表するラルフ・ローレン（Ralph Lauren）、ダナ・キャラン（Donna Karan）、カルバン・クライン（Calvin Klein）のように、ユダヤ人には桁違いな成功者が多い。

そして、マイクロソフト社元CEOのスティーブ・バルマー（Steven Ballmer）、デル・コンピューター、オラクル、インテルなどの創業者達、グーグルの2人の創業者のラリー・ペイジ（Larry Page）とセルゲイ・ブリン（Sergey Brin）、フェイスブックのマーク・ザッカーバーグ（Mark Zuckerberg）のように、世界のイノベーション（Innovation）をリードする起業家・経営者にはユダヤ人の名がずらりと並ぶ。

また、MLBプレイヤーで完全試合を含む4回のノーヒットノーランを成し遂げた伝説の名投手サンディ・コーファックス（Sanford Koufax）や、自由の女神像の建設に指導的な役割を果たしたエマ・ラザルス（Emma Lazarus）、ヘブライ聖書（Hebrew Bible）を英語に翻訳したアメリカのModern Judaismの生みの親アイザック・リーザー（Isaac Leeser）、ポリオワクチン（Polio vaccine）を発明したジョナス・ソーク（Jonas Salk）。さらには、ユダヤ人として初めてアメリカの副大統領候補になったジョセフ・リーバーマン（Joseph Lieberman）、アメリカの最高裁判所判事になったルイス・デンビッツ＝ブランダイス（Louis Dembitz Brandeis）、女優で歌手のバーブラ・ストライサンド（Barbra Streisand）、世界的に有名な歌となった「God Bless America」と「White Christmas」の作詞・作曲家であるアーヴィング・バーリン（Irving Berlin）、映画界ではスティーヴン・スピルバーグ（Steven Spielberg）など、世界的に活躍するユダヤ人を挙げ出したらキリがない。だから日本人がユダヤ人は皆そうだと誤解してしまうことになるのかもしれない。

考えてみれば、ユダヤ教へ改宗して以来、私はユダヤ人の経済的成功者が生まれる背景にひとつの共通項があることを感じ取っていた。

それは、戒律《かいりつ》を守ることによる不自由さが生んだ成功である。

矛盾する言い方だが絶対に的中している。ユダヤ人はあらゆることにおいて不自由な生活を強いられている。その生活上の不自由さ故に精神的自由を獲得し、常人ならざる発想を生み、だからこそ経済的成功者が生まれてくる。

生活的に不自由でなければ精神は自由にならない。生活が自由であれば精神は貧弱になる。**貧弱な精神からはイノベーションは生まれない**、というのが私の実感であり、分析である。そして、恐らくこの分析は正しい。

ユダヤ人の不自由さとは、戒律つまり宗教上の戒律でがんじがらめの生活を強いられることだ。その不自由さ故に、普遍的なアイデアや、グローバル・スタンダード（Global Standard、世界標準）を考えつく人間がたくさん輩出《はいしゅつ》する。だからこそ経済的成功者が多い。

ではなぜ、不自由が経済的成功を導くのか、そのことを本書は語っていく。

ユダヤ人はユダヤ教の基本書であるヘブライ聖書（モーゼ五書、別名「トーラー（Torah）」と呼ばれる）に書かれている一番重要なテン・コマンドメント（Ten Commandments）＊註1の教え、ヘブライ聖書の随所に書かれているユダヤ人の宗教生活の基本となる613の戒律＊註2（一つひとつはミツバ〔Mitzvat〕と言う）、口伝戒律であるミシュナー（Mishnah）＊註3、そしてピルケイ・アボット（Pirkei Avot）と言われるエシックス・オブ・ファザーズ（Ethics of Fathers、ユダヤ倫理憲章）を日常生活において守らなくてはならない。

日常生活のなかで戒律を守ることは大変な不自由を強いられることになる。しかし、これさえ守っていれば、ユダヤ人は一代で財を為すことは無理としても何世代かを通じて経済的に豊かになる。

戒律さえ守っていれば不自由さの見返りとして人生において失敗することはない。健康、無事故、家内安全を〝神頼み〟する人々がいるが、ユダヤ人はそういうことは神頼みせず、ただひたすら戒律を守ることにより手に入れる。すなわち、ユダヤの戒律はユダヤ人に不自由さを強制するが、その反面ユダヤ人が人生において失敗をしないための戒律でもある。

失敗しないということは世代を通じて経済的に豊かになるということである。失敗をすれば築き上げたものを全て失う。元も子もなくなるからである。失敗すればユダヤ教徒としてユダヤ的な生活すら営めなくなる。従って、ユダヤ人は何があっても宗教上の戒律を守るのだ。

つまるところ、経済的に豊かになることは戒律を守ることのあくまで結果論であり、ユダヤ教はこの戒律を守ること自体を要求しているのである。

ユダヤ人にとり重要なことは、とにもかくにも戒律を守るということである。その結果として個人資産が末代にわたって形成されていくというに過ぎない。豊かになることは、結果であり目的では決してない。

恐らく本書は、ユダヤ人の強いられる不自由さを凝縮している宗教上の戒律を経済生活、実生活の面から逐条解説した、日本では最初のユダヤ戒律解説の書物であると自負している。そして、ユダヤ人が世代を重ねて経済的に豊かになっていく理由をそこに求めて解説したものである。

このユダヤの宗教上の戒律を理解しないではユダヤ人のことは理解できないし、ユダヤ人の経済的成功の理由と背景も理解できない。

ユダヤの宗教上の戒律をまったく知らずに、ユダヤ人の経済的成功を単に頭の良さに求めたり、ユダヤ人のコンスピラシー（陰謀説）に求めたりするのは滑稽《こっけい》ですらある。

なぜなら、理論物理学者アルベルト・アインシュタイン（Albert Einstein）や、イディッシュ語（Yiddish）で全ての文章を発表した学者アイザック・シンガー（Isaac Singer）をはじめ、ノーベル賞の3分の1はユダヤ人が受賞していると言われているが、ユダヤ人は国籍も出身地も民族も言語も、目や肌の色（黒人、黄色人種、インド人、白人、褐色の人々など）も居住地もバラバラであり、共通項は唯一ユダヤ教だからである。

「ユダヤ民族」というものは存在しない。ユダヤ教徒という共通項が我々ユダヤ人の間に存在するだけである。**ユダヤ人（Jews）とはユダヤ教徒（Jewish）のこと**という以外に定義のしようがない。

本書は日本人に「ユダヤ人の経済的成功と知的創造の真の背景」を分かってもらい、その理解の一助となることを願って書かれたものである。では、日本人もユダヤ教の戒律を守れば経済的に成功するか、と聞かれそうなので、答えを言っておく。

「Ｙｅｓ。日本人でも何人でもユダヤの戒律を守れば成功する。しかし、戒律を守ることは簡単ではない。非常に難しい。早い話が、日本人がエビ、イカ、カニ、タコ、豚肉を食べるな、という戒律を守ることは相当難しい。しかしユダヤ人は守っているのだ」

恐らく日本人も、いや間違いなく日本人も、ユダヤの宗教上の戒律を確実に守り実行すれば、多くのユダヤ人のように経済的に豊かになっていくに違いない。その代わり、不自由極まりない生活と食生活を我慢してもらうことになる。

「戒律」は言うは易く行うは難し。しかしユダヤ教は「実践」を要求する宗教である。テン・コマンドメントもミツボ（Mitzvoth、６１３の戒律）も口で言うだけでは何の意味もない。必ず「実行」することが求められる。

エシックス・オブ・ファザーズは精神論ではない。「実行」することが求められる実行規範なのである。

ユダヤ人になぜ金持ちが多いのか？　その理由は簡単だ。金持ちになることを神頼みしないからだ。

日本人は「商売繁盛」なら全国にある稲荷大社《いなりたいしゃ》へ、学業成就や受験合格なら太宰府天満宮《だざいふてんまんぐう》はじめ全国にある天神様へお参りにいく。戦勝記念ならさしずめ東郷神社だ。一方ユダヤ人は、「家内安全」も含めて全て神頼み、ということは絶対にしない。

ユダヤ人はそういうことを決して神に頼まない。現世の問題を決して神に頼むことはない。**ユダヤ教は現世において努力を怠ること、戒律を破ることは神に対する罪だと教える。**

ユダヤ人第一号であるアブラハム（Abraham）はヘブライ聖書のジェネシス＊註5第13章第2節に書かれている通り、非常に経済的に豊かな、その当時で言えば巨額な富を形成した。と言っても、その当時であるから家畜の数の多さ、そして多量の金銀という富であった。ジェネシス第13章第6節によれば、アブラハム一家が移動するときはあまりに家畜の数が多かったために普通の広さの土地では収容できなかったと書かれている。

サムエル記の第2章第7節にはこうも書かれている。

「神はある人間を非常に経済的に豊かにするが、その一方で別の人間を非常に貧困に陥れる」

「神はある人間を経済的に辱《はずかし》められるが、また別の人間を経済的に豊かにもされる」

では、そのアブラハムの息子のアイザック（Isaac）はどれほど経済的に豊かになったのか。ヘブライ聖書のジェネシス第26章第13節によると、アイザックは父親以上に経済的に巨万の富を築いたと書かれている。その富は増大し、拡大の一途をたどったとも書かれている。

さらにジェネシス第30章第43節によると、そのアイザックの息子のジェイコブ（Jacob）はラバン（Laban）という強欲な地主にこき使われる人生を送っていたが、それでもたゆまぬ努力により巨万の富を獲得した。ラバンの娘のレイチェル（Rachel）と、同じく娘のレア（Leah）をめとり、築き上げた富と共にラバンのもとを脱出したのである。その富の多さはラバンの全ての富を上回る規模であったと書かれている。

ジェイコブの息子のひとりジョゼフ（Joseph）もユダヤの始祖達の中心人物だが、エジプトに奴隷として売られていき、刑務所に繋がれたが、エジプトの飢饉《ききん》を救い、エジプト王国繁栄の基礎を作ったことで、最終的にはエジプト王朝の最高執政官、すなわちファラオに次ぐ地位にまで上りつめている*註4。

ヘブライ聖書にはアブラハム、アイザック、ジェイコブと続くユダヤ人の祖先達が、神の祝福があったからこそ、恐ろしく経済的に豊かになったと書かれている。

このヘブライ聖書を常日頃、勉強し読んでいる現代のユダヤ人達も、ヘブライ聖書の始祖達のように経済的に豊かになるということは神の祝福があるということ、神の祝福があるということは経済的に豊かになるということだと認識し、**神の祝福がある結果として経済的に豊かになるという因果関係を頭のなかに叩き込んでいく**。

しかし、そのユダヤ人達が忘れないことは、アブラハムもアイザックもジェイコブも戒律を厳守し、恐ろしいほどの働き者であり、恐ろしいほどの正直者であった、そして妻を大切にし、子供を教育し訓練し、子供が尊敬する模範的なユダヤ人になったというヘブライ聖書に書かれている物語、これを頭に叩き込むのである。

それでは、テン・コマンドメント、613の戒律、ミシュナー、エシックス・オブ・ファザーズより、ユダヤ人が失敗しない人生を送るための戒律、富と豊かさをもたらす戒律、様々な知的創造に繋がる戒律を鋭く分析し、真の幸福を感じる知恵と経済的な成功を手にする知恵の数々を、そして、強力なイノベーションを生むユダヤ人の知恵の絞り方を紹介していこう。

＊註1　テン・コマンドメント（いわゆる十戒）が含まれているヘブライ聖書（これをトーラー〔Torah〕と言う）はシナイ山でモーゼが神により直接石に書かれたものを授かった、ユダヤ人が守るべき最も重要な戒律である。

テン・コマンドメントはヘブライ聖書のエキソダス（Exodus）第20章第1節から17節、デューテロノミー（Deuteronomy）の第5章第6節から21節までに書かれている。

＊註2　ユダヤ人が日常生活において守るべき613の義務は、大きく2つに分かれる。「何々してはいけない」という義務（不作為義務）、これは365存在する。また逆に、積極的に「何々せよ」という義務（作為義務）が248存在する。これら365＋248の義務は全てシナイ山で神がモーゼにユダヤ人の義務として伝えたものである。

さらに、ユダヤ人にはトーラーに書かれている613の戒律の他に、ラバイ（ユダヤ教の宗教的指導者）が何百年もかけて議論して確立したラビニカル・ミツボというものが7つある。これらを合計すると、ユダヤ人は620の戒律を守ることになる。その義務を加えて、ミツボ（Mitzvoth）と言う。

＊註3　その他にユダヤ人が守らなくてはならないことは、ミシュナーと言われる口伝律法、いわゆるオーラル・トーラーと言われているものがある。神がシナイ山でモーゼに語りかけて与えた神の法律であり、トーラーには書かれていないが口伝で語り継がれてきた。そこにもユダヤ人が守るべき戒律の数々が含まれている。

最終的にはユダヤ人学者の手により本になっている。ミシュナーの構成を簡単に言うと、

ゼライム（Zeraim）：農業基本法について書かれている。

モエド（Moed）：安息日その他のユダヤの儀式、祭日について書かれている。

ナシム（Nashim）：結婚、婚姻、そして離婚に関する法律が書かれている。

ネジキン（Nezikin）：人に損害を与えたときの損害賠償の規定が書かれている。

コダシム（Kodashim）：ユダヤ人が守るべき食事戒律。何を食べていいか、何を食べてはいけないかについて書かれている。

トホロット（Tohorot）：ユダヤ人が守るべき衛生規定について書かれている。いわゆる食中毒、伝染病の予防に関する食品衛生法、公衆衛生法である。

ミシュナーに書かれている戒律は約６００あると言われている。つまりユダヤ人が守るべき義務は約６００である。ミシュナーを守っていれば夫婦間の騒動が起こることもなければ、不慮の事故に遭うこともない。そして、食中毒や伝染病といった思わぬ病気に罹《かか》らない。家庭不和、事故、病気を避けるための戒律、従ってこれまたユダヤ人が失敗をしないための戒律なのである。

＊註４　実は、その時々の文明の最強国の財務金融の舵取り役、いわゆる中央銀行総裁職は歴史的にもユダヤ人が就くことが多かった。その一番最初がユダヤ人の奴隷からエジプト王朝の最高執政官まで上りつめたジョゼフ（Joseph）である。彼はエジプトの飢饉を救った。放漫財政の現代日本とは違い、豊作のときに緊縮財政を取り、財政支出を極端に圧縮し、そこで蓄

えた穀物を次に訪れた大飢饉のときに備えたのである。

モンゴル帝国の君主（Great Khan）であったアルグン（Arghun）はバグダッドのユダヤ人を最高執政官に、そしてまた別のユダヤ人を最高医務官に取り立てている。同じくGreat Khanのガイハトゥ（Gaykhatu）はユダヤ人を財務大臣に登用している。また、今から2300年前のペルシャで起こった出来事、エステル記（Esther）の物語のなかに出てくるユダヤ人のリーダーであったモルデカイ（Mordechai）も、ペルシャの王アハシュエロス（Achashverosh）から執政官に登用されている。

第12代FRB議長を務めたポール・アドルフ・ボルカー・ジュニア（Paul Adolph Volcker, Jr.）も、第13代FRB議長を務めたアラン・グリーンスパン（Alan Greenspan）も、第14代FRB議長のベンジャミン・シャローム〝ベン〟バーナンキ（Benjamin Shalom "Ben" Bernanke）も、現在のFRB議長であるジャネット・ルイーズ・イエレン（Janet Louise Yellen）も、れっきとしたユダヤ人である。FRB議長とはアメリカの中央銀行たる連邦準備制度（Federal Reserve System）のトップである議長のことを言う。

＊註5　ヘブライ聖書はモーゼ五書、別名「トーラー」と呼ばれる「ジェネシス（Genesis、創世記）」「エキソダス（Exodus、出エジプト記）」「レビキタス（Leviticus、レビ記）」「ナンバーズ（Numbers、民数記）」「デュートロノミー（Deuteronomy、申命記）」の書物が基本になっている。

もくじ

第1章
全てのユダヤ人が守るべきテン・コマンドメント

ユダヤ人、この言葉ほど日本人の認識と実体とがかけ離れているものはない。

日本人はユダヤ人を、「世界の金融を裏で支配し自分達だけが思うまま金儲けをしている少数民族」、「ハリウッドを支配し世界を洗脳しようとしている」、「裏でアメリカの政治経済を動かし、中東紛争の火種を作っているケシカラン民族」と思っているかもしれない。

そしてユダヤ教とは、「仏教や神道と違いまったく謎の宗教であり、普通の人間、普通の日本人には触れることも理解することもできない閉ざされた密教《みっきょう》のような宗教で、場合によってはオウム真理教のような狂信的な宗教集団ではないか」と思っているかもしれない。

そして日本人はユダヤ人を、「農耕をしない狩猟民族」、「人間が最も優れた地上の支配者であり、動物はいくら殺しても良いと思っている狩猟民族」、「ベドウィンのような砂漠民族」、「神から選ばれた選民思想の鼻持ちならない民族」と思っているかもしれない。

ユダヤ人にとって日本人は最もあってはならない人間の姿（例えば、色々な神様や色々な仏様を同時に信じ、なのにやたらとビジネスでは人と競争をし、そのくせ美味いものなら豚でも貝やエビでもマグロでもクジラでもなんでも見境なく殺して食う。客の前でまるで見世物のように、生きた車エビを沸騰したお湯のなかに入れて食べさせる虐待《ぎゃくたい》主義者）であり、逆に日本人にとってユダヤ人とは最もあってはならない嫌うべき人間の姿（例えば、常に聖書を読みふけり、人のやらないことを考え、常に自分の考えを主張し、絶対に人と協調しない平和破壊主義者）である。

日本人からユダヤ人になり、日本人であった自分自身を振り返って気づく最も大きな違いは、日本人であった自分自身がその当時はまったく戒律《かいりつ》なき生活を送っていたということである。ユダヤ人になった自分は戒律のある生活を送っている。この戒律のある・なしがユダヤ人と日本人の一番大きな違いである。

確かにユダヤ人のなかでもまったく戒律なき生活を送っている人はたくさんいる。ユダヤ人のなかにも戒律にどこまで忠実であるかにより色々な人々がいる。私はその色々なユダヤ人のなかでも、最も戒律に忠実であろうとしているユダヤ人である。

最も戒律に忠実なグループをウルトラ・オーソドックス（Ultra-Orthodox）と言い、最も忠実でないグループをセキュラー（Secular）と呼ぶ。戒律にまったく忠実でないユダヤ人達は、日本人とほとんど変わらない生活をしている。しかし、程度の差こそあれ、多くのユダヤ人にとって戒律を守ることは重要なことなのである。

食べることのみが人生の目的ではない

ユダヤ教の戒律のなかでも、まず一番大きな戒律は、何を食べ、何を食べないかである。二番目に大きな戒律は、安息日《あんそくび》（シャバット）を守ること。三番目は、毎日できるだけシナゴーグ（ユダヤ教の教会）に行き祈ることである。私が見るところ、恐らくこの3つの戒律でユダヤの戒律のほぼ80％近くの質量を占めると思う。

従って何を食べ・何を食べないか、安息日を守るか・守らないかでユダヤ人のなかでも戒律に忠実なユダヤ人とそうでないユダヤ人とに分けられる。私のように戒律に忠実であろうとするユダヤ人からすれば、なんでも食べている日本人は最も非ユダヤ的であり、そして安息日を守らない日本人は最も非ユダヤ的である。

「戒律、戒律とうるさいことを言う変な奴だ」と私のことを思うかもしれないが、突き詰めて言うと、この世に生まれてきた目的を何と考えるか、の違いである。

ユダヤ人である私、特に戒律に忠実であろうとするユダヤ人である私はユダヤ教に改宗して、というよりもユダヤ教の勉強をするに従い、私がこの世に生まれてきた目的は、美味いものを食べることではなく、仕事一本槍の生活を送ることでもない、と気づいたからである。

私が菜食主義であると言うと、多くの日本の人々は「石角さん、そんな野菜だけを食べていて人生何が楽しいんですか。こってりとしたステーキとか、美味しい豚肉のしゃぶしゃぶとか海老のフライとか、そういうものを食べたいと思いませんか。死ぬときにきっと後悔しますよ。あれも食べれば良かった。これも食べれば良かった、と」とよく言われる。

そういう質問に対して、あるいは好奇の眼差《まなざ》しに対して、私はいちいち反論しないが、心のなかでは「死ぬときに『海老フライを食べれば良かった』と思わないために私は戒律を守っているんだ。『海老フライを食べれば良かった』などと思って死ぬような哀れな死に方はしたくはない。せいぜい死ぬときに『死ぬということはモーツァルト（Mozart）が聞けなくなることだ』というぐらいに思いたい。ユダヤ人である自分はむしろ『ユダヤ教の勉強ができなくなることだ、死ぬということは』と思って死にたいと考えている。

これすなわち、この世に生を授かった目的は何かということに関する認識の違いである。海老フライを食べるために生まれてきたのか、それともユダヤ教の勉強をしそれを実践するために生まれてきたのかの違いである、ということを人生の目的と思うかどうかの違いである。

海老フライは例えであり、ユダヤ教の勉強も例えである。これはつまるところ、自分がこの世に生を授かったのはどんな意味があるのか、についての考え方の違いである。

改宗前の私のように、極端なことを言えば、私はまったく偶然にこの世に生まれ出てきた、自分の存在は偶然の産物であり目的がない、従って快楽を追い求めて人生を終わることも自分の勝手である、食欲を満たし、美味いものをたらふく食べる、自分の命だから好きなように使う、という考え方。

これに対してユダヤ教の最も厳格な考え方、それが現在の私だが、この世に生が与えられたのは何らかの目的があったからである、その目的とは快楽を求めることだけではない、好きなものをなんでもたらふく食べ、美味しいお菓子を食べ、金儲けのために仕事を一生懸命やり、ということだけが人生の目的ではない、功成り名を遂げ立派な仕事をすることだけが人生の目的ではないはずだ、もっとこの世に生を授かった目的があるはずだ、と考えること、これがユダヤ教の最も正統派（オーソドックス）の考え方である。私はその考え方に属する。

このように、人生には何らかの目的があるはずだ、この世に生を授かったのは何らかの別の目的があったはずだ、と考えるとき、その目的とは何かを探す旅が始まる。

その目的とは何かを探すためにはどうすれば良いのかを教えるのがユダヤ教の正統派の考え方である。

目的とは何かを探すことは単純ではないし簡単ではない。そのためには、明らかにそれのみが目的でないと分かったことから遠ざかる必要がある。それがまず第一歩である。

そのためには人間の本能的な欲望を制限しなければならない。つまりそれだけが目的ではないと分かった以上、それを制限せねば本当の目的を探す旅には踏み出せないと考える。従ってユダヤ教の正統派、最も戒律を重視する立場は、食欲を制限し、金儲けに没頭することを制限し、立派な仕事をしよう、功成り名を遂げよう、仕事で名を挙げよう、研究成果を挙げよう、などとそれだけに四六時中没頭することを制限する。その制限のために戒律がある。

まず好きなものをたらふく食べることを制限する。ユダヤの食事戒律は、あれを食べてはいけない、これを食べてはいけない、これを食べるときにはこのような調理方法でなくてはならないということの取り決めがやたら多い。基本的には菜食、フルーツ、穀物、木の実のみを食べよと命じている。これがユダヤの食事戒律である。

食事の回数にも制限がある。１日２回である。そして月に一度の割合で絶食日が巡ってくる。ユダヤのヘブライ聖書には「食べることのみが人生の目的でないことを教えるために」とある。

このように戒律を守ることにより、食べること以外の目的があるのではないかと考えつくことがユダヤの戒律の目的である。

そして、人生の真の目的を探すための一番典型的な戒律が、テン・コマンドメントのなかでも一番重要な教えである安息日の戒律なのである。

安息日を守らなくてはならない

安息日はヘブライ聖書のなかに2度も出てくる極めて重要な宗教儀式である。実は2度も出てくるのは珍しい。

ひとつはエキソダス（Exodus）の第20章第8節に「Remember the sabbath day.」と書かれている。つまり「安息日のことを決して忘れるな」と書かれている。ところが、デュートロノミー（Deuteronomy）の第5章第12節では「Observe the sabbath day.」と書かれている。「Observe」というのは「守れ」ということである。従って、忘れないようにするだけではなく、その日を安息日として守らなくてはならない。

安息日とは、「毎週金曜日の日没から、土曜日の日没まで」の期間を指す。世界の各地域によって日没の時間はずれてくるが、金曜日の午後何時何分と分単位で決められている日没の時間から、土曜日の午後何時何分と分単位で決められている日没の時間まで、いっさいの仕事をしてはならない。

安息日の戒律というのは、毎週金曜日の日没から土曜日の日没まで24時間はいっさいの仕事から解放されるということである。解放されるというのは「してはいけない」という意味である。〝何の仕事もしてはいけない〟。

この分単位の時間がいかに正確に守られるべきか。例えば、その何時何分が来た瞬間にパソコンの蓋はパタンと閉めなくてはならない。スマホからはパッと手を離していっさい触れてはいけない、とされている。ビジネス・ディスカッションもその瞬間にピタッと止めなくてはならない。安息日には、文明活動、文化活動、社会活動、生産活動をいっさいしてはならない。

立派な研究成果を上げようと学者が努力すること、実験室にこもること、立派な弁護活動をしようとして弁護士が一生懸命、準備書面を書くこと、インターネットで金儲けをする事業を立ち上げてインターネットのプログラムを組むためにパソコン画面に向かうこと、お客さんに電話をするために携帯電話をかけること、作家ならば小説を書くために鉛筆を持つこと、をいっさいしてはならないのである。

こうした制限によって、仕事をすることだけが人生の目的ではなかったはずだということを教えることが安息日の戒律である。

安息日とはMeasurableな世界（測る世界）からUn-measurableな世界（測れない世界）に戻る日である。

我々は常にMeasurableな世界に放り出されている。Measurableとは日本語で言うと、文字通りの訳は「測定可能な」ということだが、例えば価格、値段、金額、重量、温度、湿度、時間、時刻、味付け、味覚、色合い、美味しい等々、測定可能な世界に住んで神経をすり減らしている。

我々は日々、今日の売上はどうだったのか、四半期ごとの利益はどうなのか、利益の予想見通しはどうなのか、この色の洋服は売れるのか売れないのか、この実験結果はどのような化学式で表されるのか、電波は届くのか届かないのか、何メガか何ギガバイトか、暑いか寒いか、あのラーメン屋はチャーシューが厚いとか、常にMeasurableな世界であくせくしている。

しかし人間にとってMeasurableなものは実はあまり重要ではないものが多い。人間の本当の満足はUn-measurableなものから生まれる。そして怒りや怨嗟《えんさ》、妬み、嫉《そね》み、失望はMeasurableなものから生まれる。

安息日はどれだけ儲かったかというMeasurableな世界から、Un-measurableな世界に我々を引き戻すためのユダヤの戒律である。

例えば、どれだけ良いことをしたか、どれだけ人に喜んでもらったか、どれだけ善行を積んだか、どれだけ夫あるいは妻を愛したか愛しているか、どれだけ苦しんでいる人に善行を与えることができたか、正義に従った行いをしたか、こういった愛とか慈悲とか善とか正義とかいうものはどんな学者が寄ってたかっても計数化することはできない。このように計数化することができないものにこそ価値があるのではないか、ということを考えさせるために安息日があるのである。

美味いものを食べ、そして仕事を一生懸命する、それが人生の目的ではないはずだったと考えるところからユダヤ教の戒律が始まっている。

我々人間は弱い存在であるから、こういった戒律を守ること抜きには自分がこの世に生まれてきた真の目的の探求の旅に出発することはできない、とユダヤ教の正統派は考える。私もその考え方に賛成である。

なんでも食べて良い、浮気も構わない、人生の目的は仕事をし、金儲けをすることである、競争相手を打ちのめすことである、会社で出世の階段を駆け上ることである、と考えている人は少なくない。私が改宗し、ユダヤの最も正統的な考えに傾くようになったのは、そういうことでは人生の目的――自分が生を授かった目的――が何なのであるのかという探求ができないと思ったからである。

本能と欲望を制限し、週に1回は24時間完全に仕事から手を休める。そういった戒律がなければ人生の目的、生を受けた目的の探求ができないと思っている。

日本人諸氏は恐らく「安息日があることがなんでユダヤ人が経済的に豊かになることと関係があるのだ？」と質問されるだろう。

大いにありである。なぜか？　安息日があるからユダヤ人である。安息日があるからユダヤ人は生き延びてきたのである。

安息日があるからユダヤ人の家族の絆が保たれているのである。安息日があるからユダヤ人のコミュニティーが維持されるのである。安息日があってのユダヤ人なのである。

週のうち6日間は一生懸命仕事をする。しかし安息日だけは仕事をしない。絶対に仕事をしない。仕事のペーパー1枚にも触れない。徹底的に仕事をしない。そうすることによってストレスが解消され、より柔軟な発想力が生まれる。

休みの日に仕事仲間とゴルフに行く。それは仕事の延長のようなものだ。日曜日にもパソコンを開いたりスマホを見たりしている。これも仕事の延長のようなものだ。それでは自由な発想、イノベーションが生まれない。革新的な思想も生まれてこない。生活の切り替えがなければ生産性も上がらない。ここが他民族とユダヤ人の大きな違いである。

他民族とユダヤ人の遺伝的発想力の違いはない。安息日があるかないかの違いがある。

ユダヤの安息日と、日曜日とはまったく意味が違う。安息日には、生産活動や自然に対する加工行為をいっさい行ってはいけない。

実際には金曜日の午後は早くから仕事を止める。仕事はもちろんのこと、学校の勉強も駄目。仕事の書類を取り出すことも、名刺などのビジネス上の書類に手を触れることも許されないし、鉛筆を持つことも許されていない。

自動車を運転することも、電気のスイッチに触れることも厳禁。そのためイスラエルでは、安息日には公共のバスや電車も動かなくなり、町は静まり返る。ホテルではエレベーターは動くものの、各階で止まり、ボタンを押さなくても乗降できる設定になっている。そこから派生して、近代になってから発明されたテレビを見ることも、電化製品に触れることもまかりならない。電話もプチッと切らなくてはならない。パソコンの蓋を開けることも、スマホも見ることも、側に置くこともいっさい禁止である。

さらに、お金に触れることも許されない。お金というのは紙幣、コインのみならず、クレジットカードやタッチレスカードのような決済システムを伴うＩＣカードに触れることも許されない。

また、安息日には調理も禁止のため、食事は前日に作り終えて保温器に乗せ、安息日が始まる前にスイッチを押しておく必要がある。それを家族全員、またはユダヤ人仲間と食べる。普段の食事は質素だが、安息日には肉が少量出て、子供にはブドウジュース、そして大人にはワインが１杯出る。

このように安息日で強制的に「リセット」をすることで、人生の緊張をやわらげ、次の生活や仕事、学校生活の緊張に備えることができるのである。

人間の身体というのは緊張と弛緩《しかん》、安息日と仕事のバランスを欠いた生活をずっと送っていると、いつかは連続する安息日を強制的に取らされる目に遭う。

働き詰めに働いて金儲けばかりに四六時中熱中していると、前後の見境や善悪の見境がつかなくなり、段々と精神的な分別を欠くようになり、ついつい悪いことをしでかしてしまうということが起こり得る。そうすると、出る杭は打たれる、あるいは社会的反発を買う等々、色々なことが起こり、場合によっては警察に捕まって刑務所に入り、あるいは仕事のストレスから心筋梗塞《こうそく》や脳梗塞、ガンなどの大病になって入院し強制的に安息日を与えられるということすら起こり得る。

こうした強制的に長期間連続する安息日を与えられることのないように、人間は普段から細かく、1週間に一度は、魂をあらゆる騒音から遮断することで、精神の緊張と弛緩、肉体の酷使と休息、仕事や研究活動からの解放、そしてまったく別の宗教的な瞑想《めいそう》にふけるなどの、いわば違った世界（これを例えば趣味とでも言っても良い）に繰り返し目を向けることが、大切なのである。

そうすれば意外と独創的な発想や良い考えが生まれてきたり、健康を害することなく長く働き続けることができる。中国の諺《ことわざ》に「過ぎたるは及ばざるが如し」というものがあるが、働き過ぎて「過ぎたるは及ばざるが如し」では結局、何も生み出さないことになる可能性がある。

こういうことからもユダヤ人が色々な苦難を乗り越えて生き続けてきたこと、そして多くの偉人や天才、偉大な実業家が輩出《はいしゅつ》し続けているということに繋がってくる。ユダヤの諺に「ユダヤ人は安息日ゆえに生き延びてきている」と言うが、まさにその通りである。

大脳生理学における研究も、このユダヤ教の安息日があるからこそユダヤ人が天才的な能力を発揮することの根拠を示唆《しさ》している。最近の研究では、日常のE-mailやiPhoneにとらわれている時間が続けば続くほどクリエイティビティ（Creativity）が失われていくという研究結果が公表されている（Annual Review of Psychology, Volume66, 487-518page. Volume Publication Date: 2015, January）。

アインシュタインも、物理学の理論を何時間も考えた後はまったくそのことから離れモーツァルトを聴いたというのは有名な話である。このことを大脳生理学ではリニア・シンキング（Linear Thinking）とクリエイティブ・シンキング（Creative Thinking）と言い、その相関関係について、リニア・シンキングの時間が長ければ長いほど、その人間のクリエイティブ・シンキングは阻害されるという研究結果が報告されている。

リニア・シンキングに関して、近年典型的な例で言うと、パソコンに向かう、スマホをやるという時間である。

クリエイティブ・シンキングというのは、例えばシャワーを浴びて無心になっている瞬間に斬新な発想を思いつくという現象である。

最近の調査によると、先進国のビジネスマンは日本人を含め、新聞、雑誌、ラジオ、テレビ、スマホ、パソコンにより1日約10万語の情報に触れていると言われている。この時間が全てリニア・シンキングの時間である。こういう時間にはクリエイティブ・シンキングはできない。

ユダヤ教では安息日を厳重に守ることにより、実は数千年前から安息日におけるクリエイティブ・シンキングと安息日でない日におけるリニア・シンキングのバランスを取ることを、ユダヤ人に教えていたのである。


安息日は、文明活動、文化活動、社会活動、生産活動をいっさいしてはならない。と言っても、何もしないでゴロッと寝そべっているわけではまったくない。では、具体的にユダヤ人が安息日をどのように過ごすのか。自宅で静かに家族と語らい、ヘブライ聖書を読み、神の存在や自分の在り方などに思いをはせる。

ニューヨークのダイヤモンド街と言われている、ユダヤのダイヤモンド商人達が店を構えるマンハッタンのミッドタウンでは、安息日の始まる金曜日の午後早くから店を早じまいしシャッターを降ろすところが続出する。ユダヤ人の店主は大体、午後3時頃には早々と家路につき、安息日に備えて色々なことをしなくてはならない。

安息日は金曜日の日没に始まる。その瞬間、電気調理器もトースターもガスもいっさい使えない。安息日には調理はできないからそれまでにいっさいの調理を終えておかなければならない。だから安息日の前には主婦も大忙しということになる。

そして家のなかを綺麗にし、掃除をし、テーブルセッティングをしてテーブルには必ず白いクロスの布を被せ、ロウソクを灯《とも》し安息日を迎える。

ユダヤ人にとり最も重要な一日が金曜日の夕刻から始まる。

ミュージカル『屋根の上のバイオリン弾き』や映画『シンドラーのリスト』などをご覧になった方も恐らく多いと思われるが、安息日の始まりには家族そろってキャンドルに火を灯す。『シンドラーのリスト』は、この安息日の始まりのキャンドル・ライトニングの儀式の場面から始まるが、家族がそろってキャンドルに火を灯すキャンドル・ライトニングの儀式は、ユダヤ人にとり極めて重要な意味を持つものである。だからこそ、映画の最初の場面で紹介されていたということをご存じの日本人は少ないのではなかろうか。

ユダヤ人にとり金曜日の夕刻にロウソクを灯す瞬間ほど聖なるもの、最も解放され、気分が高揚《こうよう》するときはない。

そして安息日が始まると家族全員でシナゴーグ（ユダヤ教の教会）に行くことになる。シナゴーグでは、カバラ運動の中心であったラバイ・シュロモ・ハレビ・アルカベッツ（Rabbi Shlomo Halevi Alkabetz）による有名なレハドディ（Leha Dodi）という祈りが美しいメロディーにのせて捧げられる。このレハドディの祈りを捧げるときが一番高揚する瞬間であるが、さらにそのレハドディの最後の節に至るときに全員が立ち上がり、ドアのほうに向かってお辞儀をする。

これはどういうことかと言うと、安息日は我々ユダヤ人にとってまさに至福のときである。ユダヤ人はこの安息日を花嫁や女王に例えている。花嫁が来る日、それは花婿にとってなんとも楽しい日ではある。その花婿であるユダヤ人が花嫁を迎え入れるのと同じように、安息日がそのドアから到来することを喜んで迎えるのである。この考え方はユダヤの教則本、解説書である「タルムード」に起源がある。

シナゴーグでの祈りは約1時間。祈りが終わると、そのままシナゴーグで安息日の食事をする人もいれば、家族で食事をする人など三々五々帰っていくが、食事の後の祈りが待っている。

この祈りもユダヤでは鎮痛《ちんつう》で陰鬱《いんうつ》な祈りではなく、実に楽しいリズムに乗ったお祈りを歌うから、思わずダンスをしたくなるような感じだ。ユダヤ人の祈りは途中から机を叩いたり手を叩いたりという調子取りが始まるぐらいに軽やかなのだ。ワインも入っているから、と言っても飲んだくれになるほど飲むわけはない。ワイングラスに軽く1杯程度で、実に皆が陽気に賑《にぎ》やかに踊り歌い出す。

そして土曜日の午前中（シナゴーグによっては違うが大体9時ぐらいから12時近くまで）、シナゴーグで朝の祈り（シャハリート、Shacharit）が行われ、一番重要な儀式が始まる。何をするかと言うと、聖書を1年がかりで読み上げていく。

聖書と言っても「創世記」、「出エジプト記」、「レビ記」、「民数記」、「申命記」のモーゼ五書だが、その解説の脚注まで含めると、全体では相当なページ数になる。これを毎週土曜日に少しずつ、ヘブライ語で声を出して読み上げていくのだ。

ヘブライ聖書というのは一度読んでもらえれば分かるが、人間の日常生活の知恵がちりばめられていて大変参考になる読み物である。私のような弁護士という法律家の目から見ても、この読み物は実に法理論の原型が随所にちりばめられており、まるで法律集を読んでいるような趣さえ感じられる書物なのだ。これを小さい頃から読んでいるユダヤ人達は、日常生活の色々な知恵を聖書という書物の物語を通して学んでいく。

西洋の芸術には音楽や美術を始めとして、実に多くの題材を旧約聖書、ヘブライ聖書から取っている。それぐらい様々な人間活動の各方面を聖書はくまなく語り尽くしている。これはまさに人間学そのものであり、これを1年がかりで読み上げていく。10年だと10回、20年だと20回、ユダヤ人達は読んでいるわけだから、当然聖書に集積された経験則の知恵を身に付けていくことができるわけだ。

そういう書物を持った民族はそのような書物を持たない民族に比べてやはり学習、学ぶことへの訓練と習慣が知らず知らずの間に身に付いてくると言える。宗教の必読書があるのとないのとでは、やはり大変な違いが出てくる。ユダヤ人はヘブライ聖書だが、同じようにカソリックやプロテスタントでは別の聖書がその役割を果たしている。

さて、この聖書の読み上げは、2時間くらいで終わる。全員がホッとしたところで15分ぐらい、キドウシュの祈りを捧げ、コップに4分の1ぐらいのワインと簡単な食べ物（スナック）をつまみ、12時半からまた午後の祈り（ミンハ、Mincha）が始まる。

ミンハは午後1時頃には終わり、いったん自宅に戻るが、4時（季節や地域によって時間は異なる）にはまたシナゴーグで夜の祈り（マアリブ、Maariv）がある。マアリブでは、ロウソクに火を点けてそれを葡萄酒《ぶどう》に浸して消す。皆で匂いのする箱を嗅ぎ、ワインを回し飲みする。そしてマアリブが終わる。

こうして夕方の5時過ぎ（季節により変化する。北欧の夏では夜の9～10時とかなり遅くなる）には聖なる安息日が終わる。ところがそれだけではない。ホッとしたのもつかの間、翌日の日曜日の朝にはまたシナゴーグでお祈りがある。

といった感じで、金曜日の日没前から日曜日の朝早くまでまったく仕事どころではない忙しさでキリキリ舞いさせられるのがユダヤ人の安息日である。

安息日とは名ばかりで、実は宗教的行事がぎっしりと詰まっていて、否が応でも日常の金儲けのための仕事から解放される。宗教行事という日曜日から木曜日までとは違う活動を、普段の人間関係とは違う人達と共にする。また家族と共に過ごすことも多くなる、ということがユダヤ人の安息日なのだ。

安息日と言っても休んでいるのではなく、日曜日から木曜日までとは違うことで実に忙しい。だが、この忙しさのなかですっかり仕事生活のストレスが抜けていく。

コラム　セキュラリゼーション（Secularization）の心配

セキュラリゼーションとはユダヤ人の世俗化を言う。ユダヤ人でありながらまったく戒律を守らない人達が多くいる。特にアメリカにおける現象であるが、最も重要な戒律である安息日の遵守《じゅんしゅ》ができないアメリカのユダヤ人達の問題をセキュラリゼーションと言う。

例えば、ユダヤ人のサラリーマンで仕事の関係上、どうしても土曜日に出勤しなければいけない人がいる。「ユダヤ人だから土曜日の出勤はお断り」とはサラリーマンだから言えたものではない。

その昔、有名なニューヨーク・ヤンキースの投手サンディ・コーファックスは、ユダヤ人であるために安息日の登板を断ったという逸話があるが、ユダヤ人であるマドンナが安息日の出演を断れば二度と仕事の話は舞い込んでこないかもしれない。

問題はこのような人達も年に1回のヨム・キプール（Yom Kippur、55ページ参照）の日だけはシナゴーグに来るのである。そして「あなたは何人か？」と聞かれると「ユダヤ人だ」と答える。そして「神を信じているか？」と聞かれると「もちろんだ」と答える。しかし、公然と安息日破りを犯している。

このようなユダヤ人をユダヤ人と認めないでシナゴーグから閉め出すべきなのか？　例えばこのようなユダヤ人と食事の席を囲むことが許されるのか？　このようなユダヤ人がワインを注いでくれたときに、それは飲んではいけないワインなのか？　などという問題が真剣に議論されている。ちなみにユダヤ人でない者が注いだワインは、厳格なユダヤ人は飲んではいけないとされている。

この問題はユダヤ人のコミュニティーをどこまで広く考えるかという重大な問題を提起している。自分のシナゴーグのメンバーで非常に戒律を重視している者だけを仲間のユダヤ人と考えるのか。それとも、まったくシナゴーグのメンバーでないユダヤ人で、戒律をまったく守っていない人も広義の意味でのユダヤ人の仲間と考えるのかという問題に帰属する。

20世紀における最も有名なラバイ（ユダヤ教の宗教的指導者）であるジョセフ・メサス（Joseph Mesas、１８９０～１９７４）はこういった問題について、１９３９年にモロッコのラバイから提起された質問状に次のように答えている。

全世界のユダヤ人の平和的共存という観点から考えると、彼らのような戒律破りのユダヤ人もシナゴーグにおけるトーラー・リーディングに呼ばれるべきである。ハフタラ（Haftarah）＊註1を読むことも許されるべきだし、また彼らのようなユダヤ人もミニヤン（Minyan）＊註2に数えられるべきであるし、その他のあらゆる儀式においてもユダヤ人として扱うことが許される。しかしながら、現実の世界はこのラバイ・メサスの決定とは裏腹に自分のセクトに所属しないユダヤ人はユダヤ人とは認めない人々が多くいるのもまた事実である。セキュラリゼーションに抵抗する力がユダヤ人に残っている限り、ユダヤ人は富を蓄積し学問的業績を達成するユダヤ人として世界に存在し続けるであろう。セキュラリゼーションに抵抗する力とは戒律遵守の力である（Otzar Hamikhtavim Volume ii No.1302より）。

＊註1　ハフタラ（Haftarah）とは安息日のトーラー・リーディングの後に指名されたユダヤ人がビマー（Bimah、祈祷台）に登壇し読む、その週のパラシャ（トーラーの当該週に読む部分）に該当する附属祈祷書を言う。

トーラー・リーディングはシナゴーグのメンバーがビマーに上がり先導の祈りを述べるだけで、実際にトーラーを読むのはラバイかラバイが指名したルビを打っていないヘブライ語を読める熟練の信者である。しかしハフタラは誰の助けも借りることなく一人でビマーに上がってヘブライ語で読む。

＊註2　ミニヤン（Minyan）とはトーラ・リーディングを成立させるための定足数を言い、定足数に満たないときはトーラー・リーディングを行うことはできない。

定足数を満たすにはそのシナゴーグで認めるユダヤ人の成人の男性が10人参加しなくてはいけない。そこでセキュラー（Secular）なユダヤ人が、そのシナゴーグのメンバーと同等のユダヤ人と見做される者かどうか、定足数に数えるかどうかの重大な判断の基準になる。いきなりセキュラーなユダヤ人がポッとシナゴーグに現れてもミニヤンのなかには数えられないというのが厳格なユダヤ教の考えであるが、それでいいのかという問題がここで提起されたのである。

汝の父母を敬え

テン・コマンドメントの教えで2番目に重要なものが「汝《なんじ》の父母を敬え」である。日本人の修身、倫理、道徳と違い、汝の父母を敬うのは〝自分のため〟だとユダヤ教では言われている。父母を敬わなければ自分のためにならない。つまり幸せな人生を送れないということだ。

父や母を敬わない子に親は財産を相続させない。そういう子には愛情を注がない。愛情を注いでもらえなければ子供は当然不幸になる。財産を残してもらわなければ子供は当然不幸になる。

「汝の父母を敬え」という教えは、親に財産を残してもらい、愛情を注いでもらうためである、と言われている。

ならば逆に言うと、「財産も残してくれない、愛情を注いでくれない父母は敬う必要がないのか？」と日本人は反論してくるだろう。いやいや、とんでもない。ユダヤ教では逆に、親の子に対する義務というのが具体的かつ明確に規定されている。

まず、子供を教育しなければならない義務がある。

子供が間違ったことをしたときに叱らなくてはならない義務もある。さもなければ子供が善悪の判断のつかない人間になってしまう。

子供を溺愛《できあい》してはならないという義務もあるとされている。

そして子供を虐待してはいけない。いわゆる児童虐待の禁止である。親は子供を恐怖におののかせてはいけないという義務である。

さらに、親は子供を訓練しなくてはならない。これには善悪の訓練、教育の訓練、職業訓練、金儲けの訓練が含まれる。

一方、子供は親の言うことを守らなければならない、子供は親の言うことに従わなければならない、という定めがある。

そう言うと、日本人は「それならどんなことでも親の言うことに従わなくてはならないのか」と反論されるだろう。もちろん違う。

ヘブライ聖書に書かれている神の教えに反するようなことを親がやれと言った場合には、子供といえども従う必要はないと言われている。親の命令よりも聖書の教えが優先する。従って、親は一刻も早く子供にヘブライ聖書を教える義務があるのである。そうでなければ子供は、親の言うことがヘブライ聖書の教えに反しているか反していないかを判断することができないからである。

そこでユダヤの親は、子供が小さいときからヘブライ聖書の教えに従ってユダヤの倫理、道徳、守らなければいけないこと（これをミツボ〔Mitzvoth〕と言う）を徹底的に幼児教育するのである。だから、ユダヤの親、特に男親は仕事が終わるとまっしぐらに家に帰る。家に帰って子供にヘブライ聖書を教えなくてはならない。

子供が旅行するときには、時々、親に連絡を入れて親を心配させないようにしなければならない、という定めもある。「汝の父母を敬え」という教えのひとつの類型であるが、逆に親は子供に対して旅行に必要な資金を与えなければならない。そして、旅行に際しての身の安全のための注意を与えなくてはならないとされている。

世の中には人間が羽目を外して（大学生の一気飲みやアメリカでは大麻に手を出すなど）、間違ったことをさせてしまう誘惑に溢れている。そこで失敗すれば、経済的に豊かになるチャンスを失うことになる。

親は、子供がそのような失敗をしないように十分な知識を与えて人生の旅立ちをさせなくてはならないとされているのである。これも「汝の父母を敬え」というテン・コマンドメントの教えから出ており、ユダヤ人が失敗をしないように育てられるひとつの場面である。

不倫することなかれ

これは日本人にも知られている、有名なテン・コマンドメントのひとつだろう。不倫するな、不純なセックスをするなということ。つまり、結婚以外のセックスをしてはいけないという定めである。

人間の本能であるが故に、ユダヤの戒律はセックスに関してものすごく詳細で厳格だ。何が姦淫《かんいん》（不倫）かということについては、ヘブライ聖書のどこにも書かれていない。従って、ユダヤ人の学者達は数千年間にわたって何が不倫かということを議論してきた。

唯一手掛かりになるのはヘブライ聖書のひとつレビキタス（Leviticus）第18章およびデュートロノミー（Deuteronomy）第23章第18節である。それによると、他人の奥さんとセックスしてはいけない。正式な婚姻関係あるいは婚約関係にある女性以外とセックスしてはいけない、と書かれている（102ページ、146ページ参照）。結局、翻《ひるがえ》って妻たる女性にも当てはまる義務ともなっている。

この「汝、浮気をするなかれ」という教えがなぜ、ユダヤ人が経済的に豊かになることと関係しているか？　これは、ジェネシス（Genesis）第39章のジョゼフ（Joseph）の実体験から、ユダヤ人は子供の頃より教えられているところである。

ジェイコブ（Jacob）の12人の息子のうちのひとりをジョゼフ（Joseph）と言う。ジョゼフは色々な事情からエジプトに奴隷として売られていった。しかし元々働き者で聡明《そうめい》なジョゼフはどんどんと立身出世をしていった。そしてエジプトの豪族ポティファー（Potiphar）という将軍の執事長にまで上りつめたのである。

ところがである。執事長というのはポティファーの家に住み込んで、その一切の経理、家計を担う地位にあったが、なんとポティファーの奥さんから盛んに色目を使って浮気を迫られたのである。旦那のいない隙を狙ってポティファーの奥さんはジョゼフに「抱いてくれ」と毎日迫ってくるのである。

無論ジョゼフはテン・コマンドメントの教えに従ってこれを拒否し続けた。ところがついに彼女はある日、力ずくで無理矢理ジョゼフとの関係を迫ってきたのである。

身の危険を感じたジョゼフは奥さんをはねのけるようにポティファーの家から脱出したときに、うっかり自分の上着を置いたまま逃げてしまったのである。そうしたところ、怒ったポティファーの妻は逆に、ジョゼフが強姦を迫ってきたと言って主人ポティファーに証拠としてジョゼフの上着を差し出したのである。

無実の罪を着せられたジョゼフは命だけは助けられたが、持ち物は全て没収され、刑務所送りとなってしまったのである。

この物語をユダヤ人の子供は幼いときから読み聞かされている。いかに浮気の代償が高いかということよりも、セックスという問題が妻との間でない限りは大きなもめ事と経済的損失に繋がりかねない、いや間違いなく繋がることに発展すると教えられるのである。それと同時に、セックスに至らなくても性的なことに関する女性の怖さ、女性に罠を仕掛けられる可能性についても教えられるのである。

こういう物語を通じてユダヤ人は物事に慎重に、君子危うきに近寄らず、そして何か起こったときにはどのようにして最悪の事態を免《まぬか》れるかということを常日頃考えさせられ、教えられるのである。これすなわち、ユダヤ人が経済的に豊かになっていく最も基本的な要件である。

そういえばＩＭＦ（国際通貨基金）の元トップのドミニク・ストラス＝カーン（Dominique Strauss-Kahn）というフランス人の男性も、ニューヨークのホテルでメイドにセックスを迫ったとしてアメリカの警察に逮捕され、その地位から滑り落ちた。

盗むなかれ

古代ユダヤ法では「汝、盗むなかれ」の「盗む」というのは元々、他人の奴隷を盗んではいけないという意味だった。ところが、時代とともに段々と広く解釈されるようになり、盗んではいけないものの対象は他人の所有物、つまり物にまで広がった。最初は人の奴隷を盗んではいけないという意味だったが、人の物を盗んではいけないということにまで広がったのである。人の所有物というのは、古代ユダヤ法では物品というよりも、どちらかと言えば牛や山羊、羊などの家畜のことを言った。実際問題として、古代では家畜はよく盗まれた。

そして、盗んではいけないものの解釈が広がるにつれ、対象はより抽象的なものへと拡大されていった。人の家畜を盗んではいけないというだけでなく、ビジネスにおける不正、虚偽《きょぎ》、欺罔《ぎもう》、詐術《さじゅつ》を禁止するものという解釈が中心となってきたのである。

つまり品質の悪いものを良いものと見せかけて高く売りつけたり、羊の肉を牛の肉だと言って売りつけたりする行為や、寸法や秤《はかり》を不正に操作して100グラムないのに100グラムだと言って売りつけたりする不正行為も、「汝、盗むなかれ」という教えが禁止する行為だとされている。

さらに解釈は広がり、従業員に対する給料日が決まっているのに、その給料を遅配することも禁止する行為だと解釈されてきた。

結果的には613のミツボのなかで、この「汝、盗むなかれ」という教えに起源を有するものを羅列していくと、次のような戒律になる。

467（以下の番号は613の戒律の番号である）　人の金をこっそりと盗んではいけない、いわゆるスリの禁止。

468　裁判所は盗みに対しては懲罰的な処罰をしなくてはならない。

469　商売人は秤《はかり》と物差しは正確なものを使用しなければいけない。

470　秤と物差しを不正に操作してはいけない。

471　仮に使わないとしても不正な秤や物差しを所有や保持すらしてはいけない。

472　自分の敷地と他人の敷地の境界線の標識を動かしてはいけない。

473　人の奴隷を誘拐してはいけない。

474　人の物を無理矢理奪ってはならない。

475　従業員に対する賃金の支払いに遅れてはいけない。人に対する債務の支払いを怠ってはいけない。

475　人が所有している物を騙《だま》して奪ってはいけない。

476　他人が持っている物を欲しがってはいけない。

477　盗品や贓物《ぞうぶつ》は所有者に返さなくてはならない。
478　落とし物や拾得物はそのまま放置してはいけない。
479　落とし物は持主に返さなくてはいけない。
480　裁判所は人の財産を棄損《きそん》した者に対して適切に判決を下さなくてはならない。

ユダヤの学者達はさらに、約束の時間に遅れることもひとつの違反行為になると議論している。同様に、買う気がないのに店内を見て歩く行為、いわゆる〝冷やかし〟も禁止行為のひとつだとされている。

ユダヤ教は決して金儲けの方法を教えることはない。しかし、商売においてしてはならないこと、つまり不正、詐欺的なビジネスを厳しく戒めている。次のような小話がある。

ある村で大干ばつが起こった。何日も雨が降らない。作物は全て枯れ、飲み水がないために家畜までが次々と死んでいくという大干ばつであった。

その村のラバイ（ユダヤ教の宗教的指導者）があるとき夢を見た。神がラバイに夢のなかで、「この次の安息日では洋服屋の主人に祈りを捧げさせればよい。さすれば、雨を降らせてしんぜよう」。

翌朝起きてラバイはこの夢のことを思い出したが、「あの洋服屋の主人はヘブライ語もよく読めず、聖書の内容もろくに覚えていない。あんな人間をビマー（Bimah、祈り台）に来させて祈りを捧げさせることなどどうしてできようか、こんな夢は当てにならない」と夢を打ち消して、そのシナゴーグで最もヘブライ語ができ、祈りを全て覚えている人間に祈りを主導させ雨乞いをした。しかし雨は降らなかった。

１週間が過ぎて、ラバイはまた同じ夢を見た。ラバイはそのとき、「もし同じ夢を3回見ることがあれば、これは神の啓示に違いない。そのときこそあの洋服屋の主人をビマーに呼んで祈りを捧げさせよう」。そしてついにラバイは3回目の夢を見た。そこでラバイはついに洋服屋の主人にビマーに来るように誘った。

その洋服屋の主人はヘブライ語も読めず、祈りを唱えることはできなかったが、自分がいつも使っている巻尺を取り出して次のような祈りを捧げた。

「神様、私は仕立て屋の仕事を始めてもう40年にもなりますが、ただの一度たりとも人を騙したりずる賢いことをしたことはありません。私は、この巻尺をご覧になってお分かりの通り、一寸の狂いもない正確な巻尺を使っています。他の洋服屋はわざと寸法を長くした巻尺を使って生地を高く売りつけたりしています。また、粉屋もわざと秤を多く表示させるよう目盛りを狂わせて粉を高く売りつけたりしています。油屋もそんなことをしています。この町にそういう人はいないと思いますが、私はそういうことをしていません。どうぞ、この私の正直できちんとしているところに免じて何卒《なにとぞ》雨を降らせてください」

とヘブライ語ではなく自分の言葉で語ったところ、なんといきなり天空に雷鳴が轟《とどろ》いたかと思うと、空が一転にわかに掻き曇り大粒の雨が降り出した。それからというもの、全ての田畑が潤い、全ての家畜が水を飲むことができ、田畑は甦った。

この祈りを聞いたシナゴーグの会衆達は自分の店に飛んで帰り、秤や巻尺や目方量りを正直な正しいものに修正したり取り替えたりした。これを見た神は大変満足され、その村には毎年決まった時期に雨が降るようにされた。

このユダヤ人の物語は何を言わんとしているか？　重要なことはヘブライ語が読めたり祈りをそらんじたりする知識ではない。きちんとしたビジネスをすることである。

きちんとしたというのは、人を騙したり不正なビジネスをして大儲けをしたりすることではなく、正直な商売をするということである。

このようにユダヤ教では金儲けの方法などはまったく教えていない。むしろ、人を騙すような商売の仕方はしてはいけないということを、このような子供でも分かる小話で繰り返し繰り返し教えているのである。

さて、耐震強度を偽装《ぎそう》したり、安価な牛を黒毛和牛と偽装したり、あるいは期限切れの商品を賞味期限内と偽装したりと、これらは全てユダヤの戒律違反である。このような行為に手を染めることは結局、金持ちから盗人に転落することになる。それどころか、永遠に金とは縁のない刑務所送りとなってしまう。

「汝、盗むなかれ」は、ユダヤ人が経済的に豊かになるための重要な定めなのである。

偽証してはならない

偽証するとは、裁判の席で嘘の証言をすることだけに留まらない。警察官に嘘の通報をしたり、仲間を陥れるために嘘の密告をしたり、あるいは商売敵《がたき》を陥れるためにインターネットで「あそこのラーメンを食って食あたりをした」などという虚偽の情報を流すことも全てこの定めに含まれる。

そのようなことまでして、仲間を陥れたり、商売敵を陥れたりという、いわゆる悪どい商売の仕方をすることは全て、この定めに違反する。そのようなやり方で金持ちになることはできないということを教えているのである。

ここでは、金銭的なことにおける虚偽を神に対する罪として定義づけている。ある人間がある人間に金銭的な関係を持っているということは、その当事者と神のみが知るところであるから、そのことに関して嘘をつくことは神に対する罪と考えているのである。

例えば、お金を借りている人間がその負債の存在を拒否したり、虚偽の申告をすることは神に対する挑戦と受け取られるのである。

同様に、商売やビジネスで消費者やカスタマーを騙すことは財産的なことにおいて他人を騙すことであるから、神に対する罪と考えられている。

よってユダヤ教では、エイシズム（Atheism）すなわち無神論をモラリティの破壊と捉える。例えばこの嘘をつくことが神への罪というモラリティの破壊である、と捉えるのである。なぜならば、神たるものの存在から出てくる普遍的なモラルというものがなければ、一人ひとりの人間が自分のモラルを主張し出し、例えば人の財物を奪ってもそれは自分のモラルで正当化されるということを言い出しかねないからである。この意味において、多神教も同じようにモラリティの破壊に繋がる。

日本の企業はグローバル・スタンダードから見て犯罪と思われることを犯しやすい。例えば談合、虚偽表示、証券取引法違反、不正表示などについては、結局この問題から由来していると言える。

「日本では許される」とか、あるいは「我が社ではそれが代々の社長の引き継ぎ事項である」などという自分独自のモラリティを形成するからである。

すなわち我が社の神、我が社の方針、つまり私の神、私の会社の神という存在を許す多神教社会の陥りやすい誤りである。

では、ユダヤ教で許される嘘とは何か。一番有名な嘘は、ユダヤ教の始祖アブラハム

（Abraham）＊註1がついた嘘である。これはジェネシスの12章13節に書かれているが、アブラハムがその妻サラ（Sarah）に次のように嘘をつけというのである。

その年、大変な飢饉《ききん》がアブラハムの住んでいるところを襲った。そこでアブラハムはエジプトに逃れることにした。ところが、当時のエジプトでは人の妻と見ると夫を殺して妻を奪うということが普通に行われていたのである。特に美人の人妻は必ず夫が殺され、略奪されるということが頻繁《ひんぱん》に起こっていた。そこでアブラハムは自分の妻サラにこう言った。

「お前な、エジプトに行って俺の妻だと言ったら殺されるぞ。と言っても殺されるのは俺で、お前は略奪婚の相手とされる。エジプトというのはそういうところだ。だからエジプトに入ったら、『お前はアイツの妻か？』と聞かれたら、『いや、妹です』と答えることにしよう。独身の女性なら俺はお前の兄か弟だから、俺を襲って殺すということはしまい。むしろ綺麗なお前をなんとか手に入れようと俺に色々と贈り物などをしてくるかもしれない。嘘をつこう、嘘をつこう」

実際、エジプトのファラオはアブラハムの妻の美しさに夢中になった。もちろんアブラハムの妻だとは思っていない。2人が嘘をついていたので独身だと思った。なんとかサラを手に入れようとファラオはアブラハムに上を下への大歓迎をした。羊は与えるわ、牛は与えるわ、ロバは与えるわ、奴隷まで与えるわ、しかも召使いまで与えた。エジプトのファラオはアブラハムとサラの示し合わせた嘘にすっかり騙されたのである。

ヘブライ聖書ではこういう嘘は問題ないとされている。

夫が妻を守るために、あるいは夫が自分自身の命を守るためにつく嘘は正当な嘘であり、許される嘘であるとされている。「もしエジプト人に『お前はあの男の妻か？』と聞かれたら、『いいえ、私はあの男の妹です』と答えたほうがいい」と嘘をつくことを教える。

ところが同じヘブライ聖書にまたもうひとつ、神の前で許されない嘘として有名な物語が提示されている。それは、ヨゼフ（Joseph）とその兄弟達の確執《かくしつ》から生まれた嘘である。ヨゼフの兄弟達はヨゼフを殺そうとして穴に放り込んだ。ところが、その兄弟達は父ヤコブ（Jacob）に向かって「ヨゼフを道中で見失った」と嘘をつくのである。これは自分の罪を糊塗《こと》するためにつかれた嘘である。

前者の嘘は、すなわち自分と自分の家族の命を守るためにつかれた嘘。後者の嘘は、自分の犯した罪を隠すためにつかれた嘘である。この2つの嘘をヘブライ聖書は物語として教えている。

ただ物語はさらに続くのである。前者の嘘がばれ、エジプトの王はアブラハムとサラを王国から追放するのである。エジプトの王はサラをアブラハムの妹だと思って宮廷の召使いとして召し上げていた。

後者の嘘は、後にエジプトの最高執政官にまでなったヨゼフの元に兄弟達が大干ばつ、大飢饉のために穀物をもらいに来る場面である。最終的にヨゼフはこの兄弟達を許すのである。


では、ユダヤの小話のなかで嘘はどのように扱われているか？　嘘に関するユダヤの小話のひとつは次の通りである。


あるところにコンテスト好きの王が住んでいた。そのコンテストとは、王に何か嘘をつき、王が本気になって「それは嘘だ」と叫べば、その嘘をついた者に賞金を取らせるというものであった。

そこである村の男がその王の前に進み出てこう言った。

「王様、私の持っている杖はすごく長く伸びるのです。あるときなんかはお月様の表面まで伸びて月面にそれで文字を書くことができたぐらいです」

と嘘をついた。ところが王は平然として、

「うーん、そうかい。ワシはもっと長いパイプ煙草《たばこ》を持っている。キセルだよ。そのキセルの長さはあまりにも長いので、この間なんかワシの煙草に火を点けるのに太陽まで伸ばして火を点けたんだ」

と言われてその男はギャフンとなった。

こういう感じで村人達は次から次へと王の前に出て嘘をついたが、誰も王が本気になって「それは嘘だ」と叫ぶような嘘はつけなかった。ところがある日、ひとりの少年が王の前に進み出て、

「王様、私はここに非常に巨大な壷《つぼ》を持ってきました。3年前、私は王様にこの壷にいっぱいの金貨をお貸ししました。今日はその日が返済期限です。お返しください」

と、その王様の所有する金貨全部でもまだ足りないぐらいの大きな壷を持ってきてそう言った。

王は思わず「なんという嘘だ」と叫んでしまった。そして「しまった」と王は言ってしまった。


ユダヤにはもうひとつ嘘に関する小話がある。

ある国に王がいた。その王は自分の美しい娘を嫁《とつ》がせる相手の男を選ぶのに、王に対し最も想像力が豊かな嘘を7回言うことができた者に娘を嫁がせる、とお触れを出した。

あるときひとりの男が王の前に出て第一の嘘をついた。

「私の父は牛を飼っていました。その牛は大変ミルクの出がよく、あるときなどは

搾乳《さくにゅう》をしていたらミルクが出過ぎてついに牛小屋がミルクで溢《あふ》れてしまい、それでもまだミルクが出過ぎて牛小屋の外にまでミルクが溢れ出て、まわりが海のようになってしまいました。それでまだミルクが出続けて野原いっぱいが海のようになり、小高い丘までミルクの海に沈んでしまいました」

これを聞いた王は大いに喜び、「まず一回目の嘘は成功だ」と言った。若者はこのようにして、翌日も、また翌日も、面白い嘘を王についた。

そして最後の日になった。7日目である。若者は7日目に王の前に出て次のように言った。

「王様、貴方のお父様と私の父とは実は兄弟だったのです。そして、その兄弟の父親、すなわち私達のお祖父さんは14個の大きな壷にいっぱいの詰まった金貨を所有していました。お祖父さんが死んだ後、お祖父さんの遺言があり、7壷ずつ兄と弟に分けるようにということだったのですが、貴方のお父さんは弟である私の父を騙し全てを取ってしまったのです。そのうえ、私の父を暗殺したのです。

王様、もしこれが嘘だと言うならば、これで私は7つ嘘をつき通したことになりますので、お姫様を頂きます。しかし、これが嘘でないと言うならば、ここに持ってきた7つの大きな壷に金貨をいっぱい入れて返していただく必要があります」

王は元々娘を結婚させる気などはなかったが、かと言って、その7つの壷に詰めるだけの金貨を与えると王国が倒産してしまいかねないほどの金額であった。窮地に陥った王はやむなく娘をその若者に与え結婚させることとした。そして、「若者よ、お前は確かに7つの嘘をつき通した。私の娘をくれてやろう」

このようにユダヤの小話では金と嘘にまつわる物語が多い。それはどういうことを教えているのか？　すなわち、人は金に関して嘘をつき、そして嘘は金にまつわるものが多いということである。これをユダヤの母親は子供に聞かせ、将来下手なことで金に関する嘘の被害に遭わないように教えるのである。

このようにして教育を受けたユダヤの子供達は用心深い生活を送るようになる。これが、ユダヤ人は世界で最も金に関し人に騙されることが少ない民族であると言われる所以《ゆえん》である。

そういえば、私が最近弁護士として引き受けた事件でも同じようなことがあった。ある著名な財界人が遺言書を残し、娘と息子に平等に遺産を分け与えるとした。これに不満を持った兄が妹を騙し「遺産は後で必ずやるから、手続きを楽にするために相談を放棄するという文書を書いてくれ」と丸め込んだのである。こうして兄が全ての遺産を独り占めにしてしまった、という事件があった。

日本でも古代ユダヤでも数千年来、人々の悪辣《あくらつ》な気持ちは金に関する嘘という形で変わらず繰り返されているということ。このことを知ることが5000年歴史をもつユダヤ教を学ぶことの大きなリワーズ（rewards）のひとつでもある。

ところでヨム・キプール（Yom Kippur）＊註2というユダヤ人にとって一年で一番重大な大贖罪《しょくざい》の日は、シナゴーグで朝の9時半から夕方の6時半まで終日ヨム・キプールの祈りがもたれる。ヨム・キプールの祈りだけで厚さ10センチぐらいの分厚い本になっている。実際、ヨム・キプールの祈りはその前日の夜のコールニドレー（Kol Nidre）から始まり、翌日に続く。この日ばかりは普段まったくシナゴーグに来ないセキュアなユダヤ人も大挙して押しかけてくるから、シナゴーグは立錐《りっすい》の余地もない（33ページ参照）。

この儀式を執り行うラバイ（ユダヤ教の宗教的指導者）も大変な一日となる。普段のシナゴーグでは見られない祈りの姿勢、床に跪《ひざまず》き、両手、両膝、額を床に擦《こす》りつけるという祈りの姿勢を何回も繰り返す。これもヨム・キプールならではである。

この日は一日中絶食して朝から晩まで祈りが行われるから、最後のほうになってくると全員口も臭くなる。身体中汗だくになるから身体も臭くなる。ということで、中世ヨーロッパでは「ユダヤ人は臭い奴」と言われて差別されたものである。

このヨム・キプールの贖罪の祈りのなかに次のようなものがある。

ビジネスで賄賂《わいろ》を使ったり賄賂を受け取ったりしたことの許しを請い、ビジネスで人から金利を取ったことへの許しを請い、ビジネスで高い金利を付けたことの許しを請い、裁判で「記憶にない」などと嘘を言ったことの許しを請い、裁判で相手を陥れるために虚偽の証言をしたことの許しを請い、ビジネスで人を脅《おど》したりして利益を求めたことの許しを請い……と延々と続く。

ユダヤ教では人が神に対して罪を告白することはあっても、人が人に罪を告白するなどということはあってはならない。あり得ないことなのだ。もしあったとしたら、それは、何か他の人間の力、圧力、苦痛、脅し、利害、利益が絡んでいるに違いない、と考える。

神に対する自白ならば、そのような圧力や誘導などまったくなく本心から自然に為された自白、告白、悔い改めになる。しかし、人が人に告白・自白するときは必ず自白する相手との関係（圧力、暴力、苦痛、屈服、抑圧、利益誘導または拷問《ごうもん》）で為されるものである、とユダヤ人は考える。

ユダヤ人の自白・告白は、ヨム・キプールという厳粛な祭日期間の中心として、テシュヴァ（Teshuvah、告白、懺悔《ざんげ》、自白）として為される。他の人間が介在しない、あくまで神と自分との関係で為される自白なのである。

従って、日本人とユダヤ人の考え方が最も際立って違い、真っ向から対立するのは、裁判における自白の考え方・取り扱い方である。ユダヤ教では、容疑者が取り調べに応じて為す自白は、テシュヴァのそれとは似て非なるものとして、まったく価値がなく信頼もされない。そんないい加減なもので裁判はできない、となる。

ユダヤ教では、刑事手続きにおける自白は無効、無価値、無意味なのである。この世で最も信用できないもの、それは取り調べに応じて為される自白である、とされている。ユダヤ教の国・イスラエルの裁判所では自白は証拠として採用されない。自白では有罪とされない。

これに対して日本では、刑事事件の裁判の99%が自白に基づいて判断され、自白が裁判で証拠として採用され、有罪の決め手となる。自白があれば100%有罪になると言っても良い。自白のみで有罪になると言っても過言ではない。自白調書こそ裁判の最重要証拠なのである。

従って、取り調べは自白を引き出すことに注力される。自白が取れるかどうかが検事、警官の腕ということになっている。だから「落としの中村」などと容疑者を「落とす」ことが有能な取調官の条件ということになる。取り調べではあの手この手で自白を取ることに力点が置かれる。

なぜ日本では自白こそ信用できると考えるのか？　日本ではこう考えているからである。

A→B→Cの三段論法だ。

A：人は自分を有利にするために嘘をつく。
B：従って、自分に不利な嘘はあり得ない。
C：故に、自分に不利なことを言えば、それは真実である。

日本の三段論法では、嘘がいつの間にか真実になってしまう。

つまりこうだ。「有利なことは嘘だ。不利なことは嘘ではない。よって真実だ」という三段論法だ。

読者には、日本のこの三段論法の問題点がお分かりだと思う。不利な嘘があることを頭から排除している前提に誤りがある。一見して不利なことを自白しているように見えても実は、もっと別の大きな利益が隠されて嘘の自白をしていることもあれば、苦痛や圧力に屈して嘘の自白をしていることもある。それは苦痛から逃れるという有利のために為されるから、その自白は嘘の自白なのである。

ユダヤの三段論法は、こうだ。

A：人は自分を有利にするために嘘をつく。

B：従って、自分に不利なことでも自分をもっと有利にするために人は嘘をつく。

C：故に、全ての自白は嘘だ。

全ての自白は、誰の圧力も利益誘導もない純粋な本心から出たものである、とみる日本式。全ての自白は、誰かの圧力や利益誘導により為され本心から出たものではない、とみるユダヤ式。

さて、日本かユダヤか、どちらが人間の本質を見抜いているか？

自分の子が鞭《むち》で打たれないように嘘の自白をした罪人を直ちに無罪放免にしたのは、ユダヤ人の王ソロモンであった。この話は、ユダヤ教の考え方から来ているのである。日本の裁判ではこの罪人は自白したのだから100%有罪である。

＊註1　第一号のユダヤ人である。神に気に入られて神と契約をした。そして、割礼《かつれい》もした第一号のユダヤ人。今のユダヤ人は全員このアブラハムの子孫または改宗者である。

＊註2　ヨム・キプールはユダヤ暦の一年に1回必ず訪れる。ヨム・キプールの祈りと言っても、朝の祈り（シャハリート、Shacharit）、午後の祈り（ミンハ、Mincha）、そして夕べの祈り（マリブ、Maariv）が1日のうちで行われるという感じであるが、贖罪の祈りがそのなかで幾重にも入ってくる。そして最後は、ラバイ（ユダヤ教の宗教的指導者）によって角笛が吹き鳴らされてやっと終わるのである。

トーラー・リーディングも当然行われる。またアークの扉も開けたり閉めたりと何回も行われる。

ニューヨークではユダヤ人が多い大学や研究機関は、この日は当然休みとなる。例えばニューヨーク大学、ニューヨーク市立大学、コロンビア大学等々。高校では有名なボーディング・スクールのコンコルド・アカデミー等々。

コラム　神は女の嘘を二度も許している

ヘブライ聖書で女が嘘をついた最初は、エデンの園である。そこでイブは神に嘘をついた。次にヘブライ聖書で見られる女の嘘は、ジェネシス（創世記）第18章13節から15節にある。ここでそのやり取りを再現してみよう。

神はアブラハムの妻サラにこう言った。

「来年の今頃にはお前には男の子が生まれているであろう」

これを聞いたサラは神に向かってこう言った。しかも笑いながらである。

「神様、何をおっしゃるんですか。私はもう89歳のシワクチャ婆さんですよ。しかも私の夫アブラハムは99歳です。99歳と89歳の男女にどうして子供が生まれるのですか。馬鹿を言ってはいけませんよ」と、なんとサラは神に向かって笑って言った。

神はそのとき多少ムッとしたのか、サラに向かって、というよりもサラには直接語らなかったが、アブラハムに向かって「なぜサラは笑っているのだ」と言った。

これを横で聞いていたサラは神に向かって、「笑ってなんかいませんよ」と嘘をついたのである。

神は、今度はサラに向かって「いいや、確かに笑った」と言ったが、この嘘も神は許している。

このようにヘブライ聖書の創世記で神は女の嘘を二度も許している。このことから、私は次のように解釈する。

ヘブライ聖書では女の嘘は許される。神の前でも女がつく嘘は許されるのである。一回目のエデンの園でのイブの嘘は、人類の始まりのための女の嘘。二度目のサラの嘘は、ユダヤ人の始まりのための嘘。つまり、イブが嘘をついて人類がアダムとの間で始まり、サラが嘘をついてユダヤ人がアブラハムとの間で始まった（サラとアブラハムの子供がアイザックであり、その子孫が今のユダヤ人達である）。

このように、神は女の嘘をその時々で許しているが、全て数千年にわたる、あるいは数万年にわたる神のグランド・デザインのもとで、何もかもお見通しのうえで女の嘘を許している。実際、その直後からサラには生理が戻ったのである。しかもシワクチャの顔だったのが、若返りを果たしたのである。

さて、ここで言えることは、Rejuvenation、すなわち若返りは現実に可能である。それは一般的には奇蹟と考えられているが、不可能ではないということだ。ただし、人間の寿命の範囲内である120歳以内ならば不可能でないことをヘブライ聖書は教えている。

それはそれぞれの努力によるものである。ハーバード大学医学部長寿研究所の最近の研究成果によれば、摂取カロリーを極端に制限すれば人類は間違いなく、すなわち個々の人間は間違いなく120歳の寿命に到達する、と言われている。

ちなみに、私の母親は90歳になってアメリカに行き、道を歩いているときにころんで腰の骨を折った。救急車で運ばれて手術を受けたが、なんとその翌日には「痛い、痛い」と病院中に聞こえるような声でわめきながらも立ち上がったのである。まさにユダヤ的である。

人を羨んではいけない

ユダヤ人が経済的に豊かになる最大の秘密のひとつが、「汝、羨《うらや》んではいけない」という定めである。この規定が重大なのは、テン・コマンドメントのうち3つもが「汝、羨んではいけない」という規定の類型ということからも分かる。

エキソダスの第20章第17節、デュートロノミーの第5章第21節に、
「汝、隣人の家が大きいからといって羨んではいけない」
「汝、隣人の奥さんが綺麗だからといって羨んではいけない」
「汝、隣人の家畜が立派で子供をたくさん産むからと言って羨んではいけない」
と書かれている。要するに人を羨むという心が、自分が金持ちになるために一番悪い心の持ちよう、心の在りようだと、テン・コマンドメントは教えているのである。

ユダヤ教では、他人を羨ましいと思うことは他人と自分を比較することであり、〝他人と比較することを非常に良くないこと〟としている。

他人と比較することは、他人と同じことをした場合にどちらが上か、誰が一番かという優劣の競争をすることに繋がるからである。

ここからユダヤ人の独自性、つまり、他の人がやらないことをやるという気性が生まれてくる。

例えば、エスティ ローダー社の創業者はユダヤ人だが、他の化粧品会社と違った路線を打ち出すため高級路線を取ることにした。

グーグルの創業者は2人ともユダヤ人だが、ヤフーと区別するために「Google Suggest」という機能を検索エンジンに付加することにした。

インテルの創業者のアンディ・グローブもユダヤ人だが、一般的な汎用メモリーは日本

の東芝などのメーカーが強いと判断して、さっさとCPUに特化することにした。

フェイスブック創業者のマーク・ザッカーバーグも人がまったくやっていないソーシャルメディアを始めた。


なぜ、他の人がやることと同じことをすると金持ちになれないか？

それは他の人のやることと同じことをすると、どうしても他の人との比較が頭のなかによぎって、順位争い、シェア争いに陥ってしまう。あるいは、他人のノウハウを真似しようとしてしまう。

他人の真似をすれば、シェア争いは品質で勝負するか、価格で勝負するかとなり、競争者も品質を上げてくると、どうしても価格で勝負するという方向にいく。価格で勝負するということは値を上げることにはならず、当然、値を下げるという方向に走る。つまり、自分で自分の首を絞めることになってしまう。

他人を羨むということは、他人の真似をしたりノウハウを盗んだりして、結局、自分で自分の首を絞めるということに繋がる。だから、この「汝、人の家を羨んではいけない」、「汝、人の妻を羨んではいけない」、「汝、人の家畜を羨んではいけない」という3つのテン・コマンドメントの教えを忠実に守るユダヤ人は〝人のやらないことで金儲けをしよう〟という思考をもつのである。

ユダヤ人の独自性、独創性、スタートアップ主義、起業文化は、他人と比較をする考えを禁止する3つのテン・コマンドメントが起源なのだ。だからユダヤ人の国イスラエルには、独自技術をベースにしたスタートアップがやたら多い（92ページ参照）。

ここまで、ユダヤ人が守るべき最も重要な戒律であるテン・コマンドメントのうち、特にユダヤ人の経済生活を安定し豊かにするためにあると思われるものを選び解説した。

次章ではユダヤ人が日常生活において守るべき613の戒律から、ユダヤ人の経済的な安定と成功、発展と財産の承継、イノベーションの着想に関係している部分を各論解説していこう。

第2章 613の戒律に織り込まれた実践的な成功法則

613の戒律《かいりつ》には、ミシュパット（Mishpat）と言われるモラル、正義、正直さなどに関わるものと、ホック（Chok）と言われる人知を超える戒律とがある。経済生活に関わるものはミシュパットが多い。ユダヤ人はこれらを守るから経済生活において豊かになるのである。

ただし言っておくが、経済的に豊かになるために戒律を守っているのではない。戒律は、ユダヤ人であるならば何がなんでも守らなくてはならないのだ。

では、神がユダヤ人に守るようにと定めたヘブライ聖書に出てくる613の戒律から、ユダヤ人が豊かな経済生活を送れることに関わる戒律について、著名なヘブライ学者、マイモニデス（ランバン）（Maimonides〔Rambam〕）＊註が解説している番号に従って順番に述べていこう。

＊註　ランバンはエジプトのカイロに住んでいた最高のヘブライ学者（1135〜1204

年）。読者のなかには、なぜユダヤ人がムスリム（イスラム教徒）の国エジプトに住んでいたのかといぶかる向きもあるだろう。実は昔、ユダヤ人はムスリムの国にずっと住んでいたのだ。

子供は妻との間にのみもうけるべし。

（613の戒律の1番目。ジェネシス第1章第28節）

これはその前後の規定と合わせて読むと意味が分かってくる。神がアダムとイブを、すなわち人間第一号を夫婦として創造された。そしてその夫婦たるアダムとイブに「産めよ、増やせよ、栄えよ」とおっしゃったのである。つまり、これは夫婦が神から与えられた一種の義務なのであり、だから「産み、増やす」のは夫婦の間でのみということになる。

そして、「子供は多ければ多いほうが良い」というのが613の戒律の第一である。「妻との間にできるだけ多くの子供を持ちなさい」という戒律。はてさて、これが一体どうしてユダヤ人の経済的な成功に繋がるのか？

ユダヤ人はこの戒律があるために子だくさんが多い。私がよく知っているニューヨークのあるラバイ（ユダヤ教の宗教的指導者）も6人の子だくさん、そして孫は24人。こうなってくると、子孫のなかにやはり病気を持って生まれた子供がいる。孫がダウン症だと言っていた。だからというわけではなかろうが、この友人は、ダウン症の孫のために死ぬまで働いて財産を残さなければいけないと言っていた。

このようにユダヤ人の子だくさんは両親、特に父親が必死で働かなくてはならない、引退や定年などしていられないという思いを強くする。

それ故、ユダヤ人のなかには死ぬまで現役という考えを持った人が圧倒的に多い。死ぬ瞬間まで仕事をしているのである。


ユダヤ人の有名なヘブライ学者、ナフマン・ブラツラフ（Nachman of Breslow）が言っている。

「歳をとるということは重大な罪である」

確かにヘブライ語で「歳をとる」、「古い」、「年寄り」という言葉と「Sleeping（眠っている、または停滞している）」というのはまったく同じ単語を使う。

生物学的年齢の多さを罪とは言っていない。年齢の行っていることを口実として停滞することを罪と言っているのだ。つまり停滞していることが「歳をとる」ということであり、「歳をとると停滞する」ということはあってはならない、歳をとることを何かをやらないことの口実にしてはいけない、というのがユダヤ人の考え方である。

実際、ヘブライ聖書が作られた頃のヘブライ語では、生きている人間に対する「古い」とか「年寄り」とかいうことを形容する言葉はなかった。

「Wine（ワイン）」は「古くなる」とその当時のヘブライ語でも言ったが、人間については歳を重ねてもその人が「古くなる、年寄りになる」という表現は、その当時のヘブライ語には存在していなかった。

逆に、年齢を重ねるほどに活動的になろうとする考え方はユダヤ人に非常に強い。

実際、筆者は２０１７年６月、世界中のユダヤ人達１００人ほどと一緒にイスラエルのヨルダン国境のすぐ傍にいた。夕食になり楽団が入るとまず踊り出したのは年寄り連中であった。若いユダヤ人は年寄りに誘われて踊りの輪のなかに入ってきた。そして最後に一番若い10代の国境警備隊の兵士達が輪のなかに入ってきた。

なぜ、ユダヤの老人は若者より活動的なのか。それはなんと言ってもユダヤ人第一号のアブラハムとサラの物語に感激しているからだ。

アブラハムとサラの間に第一子が生まれたのはアブラハム（Abraham）が１００歳、サラ（Sarah）が90歳のときである。そこには歳をとったからもう干上がった、もう子供も生まれない、もう死ぬのを待つだけだ、何をしても無駄だという考え方はまったくない。どんなに歳をとっても子供が産めると信じ切っているのがユダヤ人である。

同時に、どんなに歳をとっても毎日善行を重ね、神と共にこの地球を良くする共同作業を死ぬ瞬間まで続けなくてはならないと考えているのがユダヤ人である。

従ってユダヤ人は死ぬ瞬間まで働く。活動レベルを下げない。若い頃以上に働く。引退とか定年とかご隠居《いんきょ》さんとかいう概念はない。還暦、古希、喜寿などと年齢の多さそのものを称えることはしない。「やれ、還暦だ、赤いちゃんちゃんこだ」、「やれ、古希だ、卒寿だ、喜寿だ」とは決して言わない。

ユダヤ人のモットーは「Be young. Be hopeful. Be optimistic.」である。「死ぬまで若く、死ぬまで希望を捨てず、死ぬまで楽観的に」だ。

「死ぬまで若者」――なぜユダヤ人はそういう考えを持つのか。それは、自分という存在はこの世に神の意思を実現するために神が生まれさせた、と考えているからである。現にヘブライ聖書にはそう書かれている。

だから神の意思によってこの世にある以上、神が生命を「もうそろそろいいだろう」と言われるその瞬間までは、この世にいる義務を果たさなくてはならない。

その義務とは善行を積むこと、すなわち必死で仕事をし、家族を支えること。そして、その仕事を通じてチャリティーでユダヤ社会（コミュニティー）に貢献することである。

従って、ユダヤ人に引退という考え方はまったくないし、もしそのような考え方を持っているとすれば、それは重大な宗教上の違反行為になる。働けるのに引退するのはユダヤ戒律の違反なのだ。働けるのに一定の年齢がくると仕事を辞めさせるのも戒律違反となる。引退、定年、ご隠居というのは神の意思に違反するのである。「ノアの方舟《はこぶね》」のノアだって方舟の製作になんと130年もかかったのである。そのときノアの年齢は600歳であった。普通の人間ならとっくに棺桶《かんおけ》に入っていた年齢である。だからユダヤ人はみんな死ぬまで現役一兵卒で働き続ける。定年がないので死ぬ瞬間まで働き詰めだ。だが、そのぶん経済的に豊かになる。引退しないから金は貯まる一方だ。現に、私が親しくしているテル・アビブのハバット村にいるラバイの父親は孫が12人いるが、冷却用装置の現役の経営者だ。毎日会社に出て工場内を動き回っている。

日本人は「年齢」のことを口にするとき、「いい歳して○○するのはおかしい」「もう50になったから○○しない」「60にもなれば○○などしないのが普通だ」などとその後に行動制限、抑制の言葉がよく続くが、ユダヤ人は「神の前の平等」が徹底しているから、死ぬまでいっさい「年齢」など関係ない。「年甲斐もなく」、「老人がみっともない」、「老人は老人らしく」、「後期高齢者」という呼び名で老人を蔑《さげず》むことも決してしない。

日本社会には「年相応に」という言葉が根付いているが、ユダヤ人に言わせれば「何を馬鹿なことを言っているんだ」ということである。何を始めるにも年齢は関係がない。これがユダヤの哲学である。

アブラハムは75歳で「全ての親戚付き合いを捨て、全ての財産を捨て、自分の住み慣れた土地を捨て、新しい土地に行け」と神に命じられ、身一つで妻のサラ、甥《おい》っ子のロト(Lot)と共に、新しい事業すなわちユダヤ文明の創設に着手した。つまり75歳のベンチャー（venture）起業家である。75歳で初めて起業したのである。その起業によって世界のユダヤ文化が今に息づいているのである。

このことからユダヤ人は、何事を始めるにも遅いということはない。何事を始めるにも歳などは関係ない。全て今である。今始めなければ何事も成し遂げられない（175ページ参照）。死ぬ直前まで、今がある。新しいことを始める今があるのだということを学んでいる。

pioneerとかventurousということは年齢とは何の関係もない。「年相応」と思った瞬間にpioneerではなくなり、venturousでなくなる。「年相応」は極めて反ユダヤ的なのである。

もも肉を食べてはいけない。

（613の戒律の2番目。ジェネシス第32章第33節）

これは比喩的な戒律だ。もも肉を食べないことがどうしてユダヤ人が経済的に豊かになることと関係しているのか？　それを解説する前に、なぜもも肉を食べてはいけないという規定があるのか、を知らなくてはならない。

これは要するに、坐骨神経が通っている肉を食べてはいけないということである。

昔、ユダヤ人のジェイコブ（Jacob）が神の使わせた天使と戦ったとき＊註、お尻の下を思い切り打撲した。それ以来、坐骨神経を痛めてしまったのか、足を引きずるようになった。それでユダヤ人は坐骨神経の通っているもも肉を食べてはいけない、ということになった。具体的には牛の肉、羊の肉であるが、もも肉は食べられない。

ではユダヤ人がコーシャ（Kosher、ユダヤ教が定めた食事戒律）の規定に従って殺した牛の最も美味しいもも肉はどうするのか？　捨てるのか？　いやいやとんでもない。異教徒に高く売れと言われている。

つまり、自分達は最も美味しいところを我慢して食べずに、異教徒、例えばイスラムであり、カソリックであり、仏教徒であり、ヒンズー教徒であり、道教徒に、高く売却しろということになるのである。

これは何ももも肉のことだけではない。もも肉は象徴であり例えである。自分達が欲しいと思うものを我慢すること、諦めること。特に食生活において我慢をし、諦め、最も美味しい部分を自分達は食べないで異教徒に売却するように勧めているのである。

＊註　ジェイコブが天使と戦ったとき、天使がほとんど降参しかかったところで、ジェイコブは天使から「お前の名前は何だ？」と聞かれ、「ジェイコブだ」と言った。すると天使が「神の言葉だ」と言い、「もう名前を改めろ、今後はイスラエルと呼べ」と言われたのである。ここからユダヤ人のことをイスラエルと言うことになった。イスラエルの起源はジェイコブが天使と戦って尻の後ろを思い切り引っぱ叩《たか》れ坐骨神経を痛めたところからきている。

パスオーバーの7日間はハーメーツがあってはならない。

（613の戒律の9、10、11番目。エキソダス第12章第15節、同18節、19節）

ハーメーツ（Chametz）とは、イーストつまり酵母菌《こうぼきん》のことである。ユダヤ人の主食はパンである。日本人の米に相当する。ユダヤ人の家では各家庭でハーメーツを使ってパンを焼く。従ってパンを焼くためのハーメーツが不可欠だが、それが1年のうちパスオーバーと言われるユダヤの祭りの期間中、7日間だけはユダヤ人の家にあってはならない。目に見えないイースト菌の1匹でもあってはならないという戒律である。これは日本人にとって家のなかに米粒の欠片《かけら》ひとつあってはならないということに匹敵するが、なぜこのような戒律があるのかについて説明しよう。

パスオーバーとは、日本語では「過ぎ越し」と変な訳がついているが、これには2つの意味がある。

ひとつは、「神がエジプトのユダヤ人の家の前だけは通り過ごしていった」という意味である。では通り過ごさなかったエジプト人の家はどうなったのか？　その家の長子が死んだのである。これは、ユダヤ人を解放しないファラオに対して神が与えた懲罰《ちょうばつ》であった。

しかし、もうひとつ重要な意味がある。それは、一瞬にして何十万人というユダヤ人がエジプトで奴隷の身から自由の身になったという意味である。こちらのほうが重要である。その変化はあまりにも瞬間的、劇的であり、何日も前から準備した計画的避難というようなものではない。「瞬きの間に、今、エジプトを脱出せよ」というモーゼ、すなわち神の預言者の指示が出、その瞬間に、着の身着のままで何十万人というユダヤ人がエジプトを脱出したのである。それは一瞬の出来事であったためにパンを焼いて持っていこうという時間すらなかったほどであった。

神は一瞬にして全てを変える。人間の力が及ばないところで、神は全ての原因（Cause）であり、その意味で原因の結果たる現象は、歓喜たる奇蹟であることもあるが、バベルの塔の崩壊のごとく時には実に冷酷であり、全ては一瞬なのである。

人生も、時代も、そして生活も、数千年という長い歴史で見ると一瞬にしてひっくり返されることがある。それも瞬きの瞬間に人生が奈落《ならく》の底に落とされ、あるいは土砂降りの雨から青空の下に、あるいは大変な苦難からエデンの園のような素晴らしい幸福へと、物事は一瞬にして変わる。この一瞬の変化にユダヤ人は取り残され、遅れてはならないということを教えている。

もうひとつ重要なことは、モーゼが「さあ、エジプトを脱出するぞ」と言われたとき、「食料を持っていかなければ。パンをどうしても食べたい」と言って、イースト菌を取りに戻ったユダヤ人はそのままエジプトで奴隷の身として一生を終えることになったということである。

イースト菌を掻《か》き集めて持っていく時間すら神はモーゼを通じてユダヤ人に与えなかった。これはつまり、一瞬で物事が変わるときには「あれが足りない、これが足りない」と言って戻ってはいけない。その一瞬の瞬間を延ばしてもいけない。いかに大切なものだとしても、一瞬の劇的な変化についていくためには、〝全てを置き去れ〟ということを教えている。これがユダヤ教のパスオーバーのもうひとつの意味である。

そのためパスオーバーでは、我々ユダヤ人はパンを食べない。ペラペラパリパリのクラッカーのようなものを食べるのである。それは日本で例えれば生米を食べるようなものだ。そうして我々祖先の一瞬の民族の大変化、すなわち奴隷の身から自由の身に一瞬にしてなったというユダヤ人の歴史のなかで最も大きい変革を思い起こしているのである。

さて、この戒律に従い、ユダヤ人はパスオーバーのときには家中に溜まっていたパンを集めて、これを処分しなければならない。

処分の方法は幾つかあるが、最も一般的な処分の方法は売却である。ユダヤ人の焼くパンはハラ（Hala）と言って、実に美味く柔らかく焼き上がってくる。あまりにも美味いのでユダヤ人以外にも人気があり、このパスオーバーの日の始まる前にはユダヤ人の各家庭でパンが売りに出されることが評判になっているので、ユダヤ教徒以外の人も買いにくる。

問題は一般家庭ではなくユダヤ人のパン屋はどうするかということである。どうしても売れ残りが出てしまう。しかし宗教上の戒律で全てパンを処分しなければならない。そこで考え出されたのが、買戻権付き売買というやり方である。

ユダヤ人のパン屋の店舗をパスオーバーの期間中、イスラム教徒やキリスト教徒、その他の異教徒の人間に店ごと売却する。パスオーバーが終わったらこれを買い戻すのである。人の家になってしまえば戒律違反にはならない。

こういったやり方はユダヤの宗教裁判所の判例で認められているところであり、ここからいわゆる買戻権付き売買という新しい商売の形態が発生した。いわゆるバイバック方式というやつである。もちろん買い戻すときには利幅を乗せて買い戻すから、誰もが喜んでこの買戻権付き売買の買主になってくれる。

かくしてパスオーバーの期間中、ユダヤ人のパン屋の建物の所有権はユダヤ人以外の、例えばアラブやムスリムの人間やクリスチャンに一時的に移転し、ユダヤ人は酵母菌をいっさい消却しないで済む。

ところが、これは実際にエルサレムであったことであるが、オーソドックス（正統派）のユダヤ人達からこれに対して猛反対が起こった。

ユダヤ教の戒律によればパスオーバーの期間中は公衆の面前でいかなる者といえども、ムスリムも含めて、パンを展示することは許されないとされている。イスラエルの裁判所で問題になったことは、このパン屋というのが公共の場所に該当するかどうかという点である。

判決は個人の家であるから該当しないとされたのであるが、これに反対するウルトラ・オーソドックス（超正統派）のユダヤ人達がものすごい抗議のデモンストレーションを行った。「宗教戒律に違反する人間は死刑に処せ」とプラカードを立てて、そのパン屋のまわりに集まった。

これに反対するユダヤ人達は「お前達こそ宗教、宗教と言ってないで兵役に行ったらどうだ」と、これまた反撃の狼煙《のろし》を上げた*註。


さて、ビジネスの観点から言うと、バイバック方式という新しい所有権移転方式を編み出したユダヤ人達はこれを他のビジネスに応用することになる。バイバック方式というのはいわゆるオプション取引であり、これが現在行われている商品取引のフューチャーという取引形態の基本になっている。ユダヤ人は宗教戒律を守ることから、こういった商売上の知恵を編み出しているのである。

またこのエルサレムのパン屋に関して言えば、マスコミで話題になりパスオーバーの後からは売上が倍増したのである。マスコミやインターネットで話題になることを逆手に取るという商売方法も戒律違反を深刻に捉えるユダヤ教徒の生活上の知恵とも言えるのである。

＊註　イスラエルではウルトラ・オーソドックスのユダヤ人は兵役を免除されている。

コラム　パスオーバーのセダー・プレート

パスオーバーはトータル9日間（正確には7日プラス前後各半日）である。ペサハ、すなわちパスオーバーがエジプトに起こり、エジプト中の長男が殺されたときに、ユダヤ人の長男だけは神が過ぎ去ったため殺されなかったというところに由来がある。「過ぎ去った」という意味でペサハ、パスオーバーと言っている。この期間中はとにかく非常に貧弱な食事をしなければならない。これをセダー（Seder）と言う。

あまりにも貧弱な食事なので用意は簡単かと言うと、実はそうではなく、普通ではなかなか手に入らない素材、つまりイースト菌をいっさい使っていないペラペラの固いクラッカーのようなパン（マッツァー〔Matzah〕と言う）と、食べるのも苦い苦菜（マロー〔Maror〕と言う）がその主要な構成要素になっているので、シナゴーグで食べるか、パスオーバーのセダーディッシュを一揃い、日本で言えばお節料理のような形で買ってくる（ユダヤ人専門の食料品店であらかじめ注文を受け付けている）。

これは日本のお節料理と違って100万倍ほど不味くて貧弱極まりない料理である。私の息子はどういうわけか、その昔、このパスオーバーの食事だけシナゴーグに食べにきたことがあり、「ユダヤ人はこんな不味いものを食べるのか、これは堪《たま》らない」と言って二度とシナゴーグには顔を出さなくなった。それぐらいパスオーバーの食事は貧相で不味く、貧弱極まりないのである。それを9日間も食べる理由がこれまたヘブライ聖書に書いてある。

どのパスオーバーのセダーの料理をとっても、美味いというものは何ひとつない。ユダヤ人はこの9日間、不味いものを食べろという神の要求であるから、当然不味いものを食べる。しかも、わざわざユダヤ人料理店からセットを注文して不味いものを食べるのである。

ふくよかに膨らませた、日本で売っているようなパンはいっさい口にしてはいけないうえに、レタスのように見えるが実は苦い菜っ葉を生で食べなければならない。ここに不味いものを食べるというユダヤ教の教えの真骨頂があるのである。

それはなぜか？　人間は美味いものを食べることを追求するために生まれてきたのではない、そのようなことに目も、心も、時間も、エネルギーも奪われてはいけない、というのである。

パスオーバーのセダーのなかには次のものがある。

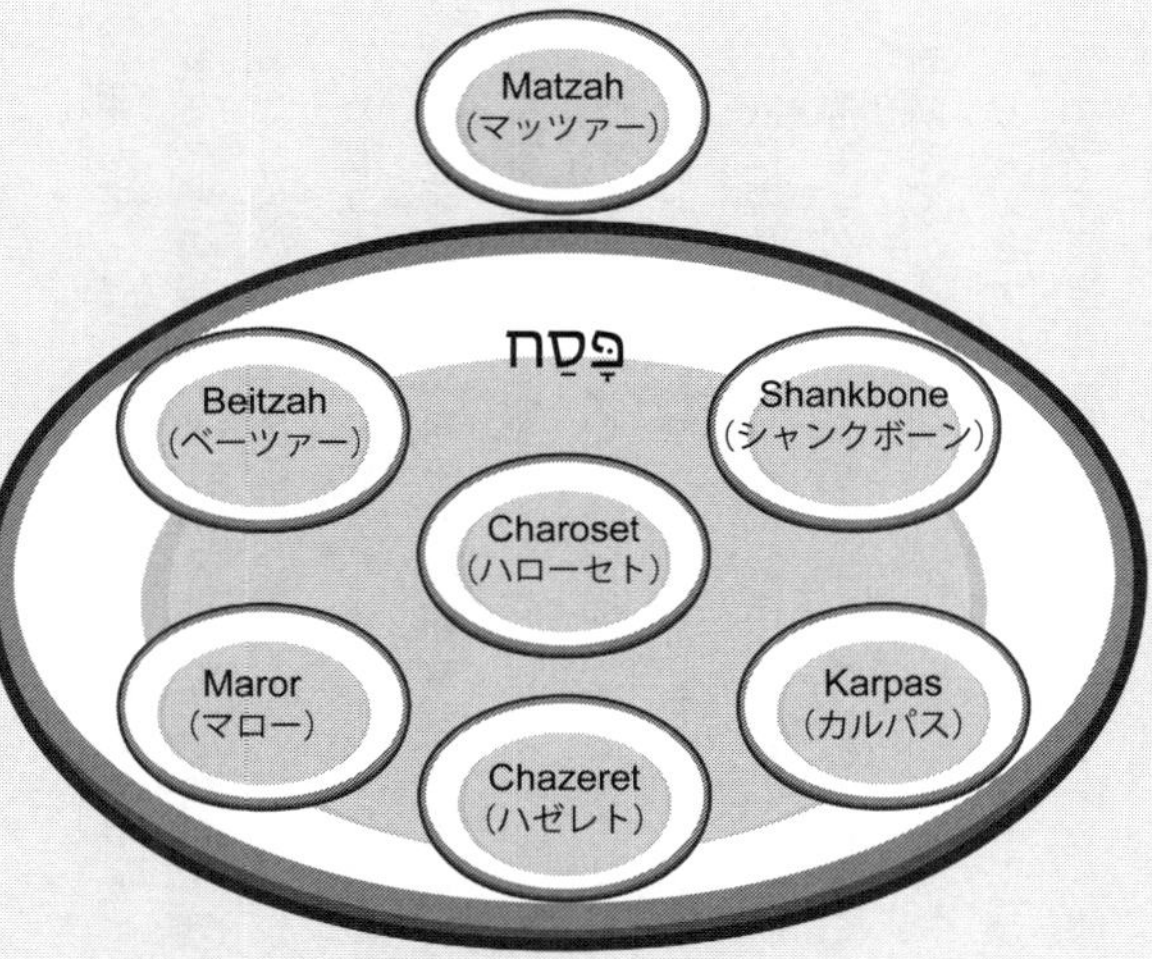

まず、シャンクボーン（Shankbone）というものがある。昔はラムの骨を焼き上げて肉をそぎ落としたもの、要するに焼き骨片であったが、現在はラムが手に入りにくいのでチキンの骨に変わっている。これは食べるというよりも飾りなのである。

煮抜き卵（Beitzah、ベーツァー）、東京の方言では固茹でと言う。私が生まれた日本の中心、京都では煮抜きと言う。

そしてリンゴとナッツとを混ぜてすり潰したもの（Charoset、ハローセト）と、根菜（Karpas、カルパス。一般的には玉ねぎかじゃが芋）。

この食材の皿への並べ方にも決まりがある。皿の左上に卵、右上にシャンクボーン、中心にリンゴとナッツをすり潰したもの、その下に葉菜（Chazeret、ハゼレト）、左下に苦菜、右下に根菜という順番で置かれなくてならない。

そして、イースト菌を使って膨らませたものではないクラッカーのようなパンが並べられる。その後パスオーバー明けまで毎日、我々ユダヤ人はこのペラペラの固い固いパンを主食としなければならない。

なぜユダヤ人がこれをパスオーバーの日に食べるかにはそれぞれの意味がある。また食べるときにもそれぞれの祈り及び食べ方が決まっている。これを「ハッガーダー（Hagaddah）」と言う。

肉の付いていない骨片が皿に乗るが、それは口にしない。その宗教的な意味は、その昔エジプトからユダヤ人が脱出する前夜に生贄《いけにえ》に捧げられた羊を意味する。

次に煮抜き卵は、その昔エルサレムにユダヤ教の神殿があった頃の捧げものであった。苦菜は、我々ユダヤ人がエジプトで奴隷になった頃の苦しみを象徴する。苦さはそれを意味している。

リンゴとナッツのペーストは、ユダヤ人がエジプトで奴隷になっていた頃にユダヤ人がファラオの強制労働に駆り出されて作った煉瓦《れんが》を象徴する。苦役の象徴である。

根菜は同じくユダヤ人がエジプトで奴隷になったときの、腰を痛めるような重い物を持たされた重労働を意味する。

他のユダヤ人を愛せよ。

（613の戒律の13番目。レビキタス第19章18節）

同様に14番目（デュートロノミー第10章19節）には「ユダヤ教への改宗者を愛せよ」という規定が、15番目（レビキタス第19章第17節）には「他のユダヤ人を憎んではいけない」という規定がある。

このいずれにも共通していることは、「ユダヤ人はユダヤ人のコミュニティーを大切にせよ」ということである。ユダヤ人のなかには改宗者も含まれる。

結局ユダヤ人達は仲間のユダヤ人達に支えられて生きているのであるから、その仲間のユダヤ人達を大切にせよという当たり前の教えである。

例えば洋服屋ならばその注文は仲間のユダヤ人達からくるであろうし、医者であるならば患者は仲間のユダヤ人達からくる。これが生活の糧《かて》の基本となるわけだから、当然ユダヤ人のコミュニティーを大切にしなければならない。そうすることによってまた経済的な収入が約束されるということになる。

他の人に恥ずかしい思いをさせてはいけない。

（613の戒律の17番目。レビキタス第19章第17節）

同様に18番目（エキソダス第22章第21節）には「弱い者をいじめてはいけない」という規定がある。例えばユダヤ教徒のなかにもヘブライ語を読めない者がたくさんいる。そういう者に公衆の面前でヘブライ語の祈祷書《きとうしょ》を読むように迫ったりすること。あるいは足腰が弱っていて立ったり座ったりできない者に、祈りのときに無理矢理立つように指図したりすることがこの戒律に違反するのである。

日本的に言うと、〝思いやり〟という一言で言い表すことができる。このような思いやりは商売とは直接結びつかないが、間接的にはその人の評価というものを形成する大きな要因になる。思いやりのある人が金儲けがうまいという方程式があるわけではないが、人を傷つけて金を儲けることはユダヤの教えではない。

人を誹謗中傷してはいけない。

（613の戒律19番目。レビキタス第19章第16節）

ユダヤ教で禁止されている誹謗《ひぼう》中傷行為は大きく言って2つに分類される。

ひとつは「ラション・ハラ（Lashon Hara）」。英語の意味は「イービィル・タング（Evil tongue、悪魔の舌）」となる。ラション・ハラはそれ自体事実であるが、言われる人が公にされたくないことをその人もしくは他の人に聞こえるような形で言うことである。

例えば、昔罪を犯して刑務所に入っていた人がいたとしよう。その人が今は立派に社会的に更生して商売で成功しているとしよう。その人間に向かって、あるいは他の人に聞こえるように「お前は昔刑務所に入っていたではないか」と言うこと、これをラション・ハラと言う。これはユダヤ教では重大な罪である。

もうひとつは「ホザット・シェムラ（Hotzaat Shem ra）」というものである。これはラション・ハラとは違い、虚偽の事実をもって人を誹謗中傷することである。

例えば一度も刑務所に入ったことのない人に向かって、あるいは他の人に聞こえるように、「お前は昔刑務所に入っていたではないか」と虚偽のことを言うこと、それがホザット・シェムラである。これはラション・ハラよりも罪が重いとされている。確かに、誹謗中傷をされると、信用ががた落ちになり商売もダメージを受ける。

ユダヤ教徒にはテン・コマンドメントと613の戒律の他に「ハラハー（Halakhah）」と言われる守らなくてはいけない戒律がある。これはヘブライ聖書には書かれていないが、その後のヘブライ学者によって議論され確立されてきた戒律であり、主にヘブライ聖書の解説書である「タルムード」に書かれているところである。

そのハラハーのひとつで、ゴシップを流すことが禁止されている。

ゴシップとはどういう行為かについては、ヘブライ聖書のナンバーズ（Numbers）第12章でこう描写されている。


ミリアム（Miriam）が彼女の弟のアーロン（Aaron）に向かって、「なぜモーゼが我々ユダヤ人のリーダーなのか。どうしてモーゼは他のユダヤ人よりもリーダーになり得る資格があるのか」などとゴシップを撒《ま》き散らしていた。


ユダヤ人の指導者モーゼの指導力は疑いの余地がないと万人が認めるのに、それを否定する言動をあちこちで為すのはゴシップである。これを聞いて神はミリアムをユダヤ人のコミュニティーから追放したと書かれている。これがゴシップである。

例えば人の商売を邪魔して自分の商売を有利にするために、「あいつはヤクザと繋がりがある」と事実無根のことを触れまわったり、あるいはその店について「あそこはどうも行くたびにヤクザが来ている」などとゴシップを流すことは全て戒律違反となる。

安息日の日には家を出てはならない。

（613の戒律の24番目。エキソダス第16章29節）

前章で述べた通り、安息日というのは週に1回訪れる金曜日の夕方から土曜日の夕方までの24時間を言う。この日はいっさい外に出てはいけない。シナゴーグ（ユダヤ教の教会）に行って祈りを捧げるのは良いが、それ以外の目的で家を出ることは許されない。それどころか、家のなかでも仕事をしてはいけないしお金に触れることも許されないのである。

そこで安息日にどうしても買い物をしなければいけないユダヤ人はどうするのか？　電話をかけることも許されないからオーダーを入れることもできないし、コンピューターを開くことも、スマホに触れることも許されないから、オンラインでピザなどのデリバリーを頼むこともできない。人に頼む以外にない。これが安息日である。

この戒律がなぜ、ユダヤ人の経済的成功の要因なのか。それは一言で言うと、この安息日があるからユダヤ人は他の6日間を半端じゃない集中力で仕事をする。その集中力は普通じゃない。ダラダラと会社にいるのとは100倍違う集中力だ。

私はユダヤ人になって、こういった儀式と行事が非常に忙しくある、つまり仕事ができない時間が増えることにより、むしろそれ以外の時間でいかに効率良く仕事をするかということを考え、実行するようになった。結果として、今までの1・5倍ぐらいの仕事ができるようになったうえ、成果も1・5倍ぐらい上がるようになった。

いかに効率良く仕事をするかということは、いかに時間をかけて仕事をするかということではない、ということがユダヤ人になって初めて分かった。つまり効率良く仕事をするためには時間がたっぷりないほうがいい。たっぷり時間をかけられるとなると、かえって良い仕事ができないし、成果も上がらない。時間が限られている状態のほうが良い仕事ができる、内容のある仕事ができる、成果が上がる、というのが逆説的な真理である。

安息日には仕事をしてはならない。

（613の戒律の32番目。エキソダス第20章第11節）

この安息日にしてはいけない〝仕事〟というのは、およそ日本人が考えられる仕事の範囲をはるかに超えている。仕事の定義は広く、いっさいの生産的な活動、ビジネスに関わることはしてはならない。例えば筆記具に触れることもいけない。電化製品に手を触れることも、パソコンを開くことも、スマホを持ってもいけない。自動車のハンドルを握ることもしてはならない。お札に触れてはいけないし、小銭に触れてもいけない。新聞を読むこともいけない。無論、仕事の紙1枚持ってはいけないので、仕事の書類を持ち出したり広げて読むこともいけないし、仕事のことを考えることもいけない。

ユダヤ人はこのいかなる労働もしてはならない、従って働くことも働かされることもしてはならないという規定を厳格に守る。

そして、そこから逆に色々なユダヤビジネスが発生する。例えば労働者の給与の月払いというのもユダヤ人が編み出した労働契約の一形態である。

日払いだと安息日にも給与を払うことになるが、安息日にお金に触れることになるから許されない。金銭のやり取りが許されない。そこで編み出されたのが月払い制度。月の初めの安息日でない日に1ヶ月ぶんをまとめて支払う。そうすれば安息日にも現金のやり取りをせずに労働者に働いてもらうことができるというわけだ。

このように月給制を人類の歴史上で初めて採用したユダヤ人の守るべき613の戒律の56、58番目が、エキソダス第22章第6節、エキソダス第22章第9節にある。

「雇われている労働者、雇われているガードマンの賃金の未払いについては裁判所がそれを執行できるようにしなければならない」としている。つまり月に1回、月給制で支払う、その月給の未払いは後払いであるから強制執行まで裁判所が命じなければならないとしているものである。ここに労働者の保護が謳われている。

身体障害者、子供、女性、老人など弱い者を大切に扱わなくてはならない。

（613の戒律の64番目。エキソダス第22章第21節）

同様にエキソダス第22章第24節には「金を貸した者は債権者としての立場を振りかざしてはいけない」、「相手に金がないと分かっているときには無理な取り立て行為をしてはいけない」と書かれている。ユダヤ社会ではこうした相互扶助のシステムが宗教上の義務として存在するため、コミュニティー全体で貧困な者を支えようとする。だから、ユダヤ人は貧しくても絶望することはないのである。

そのため、事業に挑戦するユダヤ人は多い。同様に事業に失敗するユダヤ人も多い。しかし、経済苦で自殺するユダヤ人はほとんど聞かない。一方、経済苦で自殺する日本人は毎年4000人以上という統計（2015年、警察庁調べ）がある。

ユダヤ人は倒産という形ではなく事業売却、事業休止という形を採用することが多いので、債権者や税務署から追いかけられることも少なく経営苦で自殺する人が少ない。収入がなくても生活は経済的に成功した他のユダヤ人が支えてくれるという安心感がある。

〝事業の成功も失敗も神の決めたこと〟という割り切りがユダヤ人にあるので、金持ちが威張《いば》ることもなければ貧乏人が身をかがめることもユダヤ社会にはない。

貧しい者や生活に困っている者にお金を貸し与えなければならない。

（613の戒律の65番目）

同様に66番目には「金を貸したからといって返済の能力がないときには無理矢理取り立てをしてはいけない」という規定がある。ユダヤ教ではユダヤの同胞《どうほう》に対しては金利を取ってはいけないということになっているから、ユダヤ人同士の金の貸し借りでは金利は取れない。そのうえ、貧しい者にはお金を貸す義務まである。

ユダヤ教ではイスラムと同様、金持ちが貧困者に手を差し伸べなければならないとされている。手を差し伸べる、すなわち援助の方法は食事を提供するなど色々あるが、金を貸し付けるという金銭的援助も含まれる。

貧しい者にはお金を無利息で貸し与えなくてはならない。そして、返済も無理矢理迫ってはいけないとすることで、金持ちが貧困者を救済するという宗教的な社会保障システムになっているわけである。

ユダヤ社会ではこうした相互扶助のシステムが宗教上の義務として存在するため、貧困な者をコミュニティー全体で支えようとする。だから、ユダヤ人は貧しくても絶望することはないのである。

コミュニティーによる生活保障制度の存在は、事業や仕事に失敗してもコミュニティーが生活を守ってくれるという安心感に繋がる。そのため、イスラエルでは起業文化が根付いているのである。

日本のように大学を卒業すると全員が就職するという文化はイスラエル／ユダヤ教徒には存在しない。大学を卒業するとほとんどが起業する。例えばイスラエル工科大学、通称テクニオン大学の卒業生の70％は起業する（http://www.technionjapan.com/）。

だが、起業すれば全員が成功して大金を手にするというわけではない。むしろ起業しても失敗する可能性のほうが高い。それでもイスラエルにおいて起業する大卒者の若者が後を絶たないのは、失敗しても食うに困ることはない、コミュニティーの仲間が支えてくれる、という安心があるからである。


同胞に金を貸すときは金の貸主としての立場を振りかざしてはいけない。しかも金を貸したからといって金利を取ってはいけない。

（613の戒律の67番目）

とすれば借りたほうは有り難いが、貸したほうは一体何のために貸しているのかという疑問が浮かんでくる。しかし、ユダヤ世界と西洋世界には根本的な物の考え方の違いというものがある。

金の貸し借りは同胞の間ではビジネスではないというのがユダヤの考え方である。従って同胞に対しては金利を取るという形の金の貸し借りで金儲けを追求してはいけないということになる。

利子を禁止するということには、金の貸し借りは弱者救済、貧者救済、社会貢献という意味が与えられているからである。ビジネスであってはならないという考えである。

ユダヤにおいて利子、金利というのが禁止されているのは、ユダヤ教発祥《はっしょう》の地メソポタミアでは非常に異例なことであった。

メソポタミア文明のヒッタイト、フェニキア、あるいは、お隣のエジプト文明では金利、利子を取ることは合法とされ、しかも利子、金利が公定金利とされていたのである。一例によれば年利20%という公定金利がシュメール人の間では認められていた。

そのメソポタミアで、この異例な契約を編み出したユダヤ人は、色々な金融ビジネスを編み出していった。金利を取ってはいけないということが逆に金融ビジネスの色々な手法を編み出していくきっかけになったのである。

そのひとつは同胞以外の人間に金を貸すときには利子を取って良いとされている点であ

る。同胞以外の人間とは〝他国に住む異教徒〟という意味である。自分の国、自分の地域に住んでいる異教徒は同胞とみなすべきであるから、これは利子を取ってはいけない。そこで、ユダヤの金融ビジネスは早くからグローバル化したのだ。

もうひとつは、こういうやり方である。

八百屋を始めたいという人が開店資金を貸してくれと言ってきた。そうするとユダヤ人の金融業者は金を貸して金利を取ることが禁止されているので、金融業者自身が自分のお金を使って、その金を貸してくれと言ってきた人に八百屋を開店させるのである。八百屋の土地建物、仕入れに必要な資金は全て金融業者が提供する。八百屋はそこで店の経営者として金融業者に雇われるという形を取る。だから八百屋は売上に対して一定の割合の賃金を金融業者からもらう。

かくして八百屋が20～30年働いてお金を貯めたところで、金融業者はその八百屋に土地建物店舗ごと一式売り渡すのである。

金融業者にしてみれば、土地と建物を実質担保に取っているようなものだから安心だし、20～30年後にはその八百屋に売り渡すことによって資金が回収できるという保全もある。

一方、八百屋にしてみれば実質的には自分の店舗として運営でき、色々商売上の工夫をすることによって売上も増えてくるから、自分の月々の取り分、すなわち賃金も上がっていくというメリットがある。

金利を取ってはいけないという原則から出てきたユダヤのこの一種のプロジェクト・ファイナンス方式は、実はユダヤ人ではないかと言われているマクドナルドの実質創業者レイ・クロック（Ray Kroc）の始めた方式そのものであり、今のシリコンバレーのベンチャー・キャピタルやエンジェル投資家の原型となっていると言っても過言ではない。

シリコンバレーではエンジェル投資家がかなり経営に口を出し、ベンチャー・キャピタルが経営者を実質的に選任する局面が多々あるが、確かにエンジェルやベンチャー・キャピタルは投資先から金利は取らない。

日本のような金融業、すなわち銀行は金利を取ることによって儲け、そして担保を取ることによって返済を保全しようという形、すなわち金利主義、担保主義に走ることになる。そこには金を借りる人間（＝借主）の経営手腕や返済を行う能力や意思などはあまり反映されない。経営能力があっても不動産担保がないと駄目になる。従って日本では、評価のある土地を持っている者のみが資金にありつける。日本でも開業資金融資というものはあるが、どうしても土地不動産担保主義を手放せないのが日本の銀行である。

これに対してユダヤのプロジェクト・ファイナンス方式は、八百屋としての経営手腕があるかどうかのみにかかってくるわけであり、その借主に経営手腕がなければ八百屋の店舗も建物も土地も全部金融業者（銀行）のものだから、いわば経営者を取り代えるようにもっと経営能力のある他の八百屋の経営者を探して来ることができる。土地建物の担保を競売する必要はない。

日本のような金融の方式だと、土地建物店舗は全て借主たる八百屋のものだから、経営者の変更ができない。つまり倒産ということになって担保から元金を回収する以外に方法がなくなる。その担保の価値が経済悪化で値下がりしていれば結局銀行は大損することになる。

7年に一度は耕作地の作物を刈り取ってはならない。その地域の貧しい者達がそれを無料で収穫できるようにせよ。このことは葡萄《ぶどう》畑、オリーブ畑についても同様である。

（613の戒律の81番目。エキソダス第23章第11節）

ユダヤでは7年を一サイクルと考える。そして、その7年目を安息年*註、サバス・イヤー（Sabbath Year）あるいはサバティカル・イヤー（Sabbatical Year）と言う。

この安息年にはシュミタ（Shmita）の義務があるとされる。シュミタとは、開放、解散、釈放、免除という意味である。

鍬《くわ》入れや苗付け、収穫、刈り取りなどいっさいが禁止される。もちろん水をやったり肥料を与えたりすることは許可されているが、収穫に向けてのいっさいの行為は禁止され、売ってもいけないとされている。

そして、そこで作られる作物については耕作者の所有権が全て放棄され、誰が取っても良いものになるとされている。従って、誰がその耕作地に入って刈り取っても、摘《っ》んでも、もぎ取ってもいいし、それを転売しても構わない。

これは元々、土地が神のものであるというユダヤの考え方から、7年に一度は休耕し、そこでの作物を貧しい者が自由に取れるようにするという貧者救済の意味がある。

ユダヤでは土地神有主義である。共産主義は土地国有主義、資本主義は土地私有主義。

そこで色々な対策が考え出された。ひとつはこの安息年にだけユダヤ人の土地をアラブ人に売り渡すという対策。そうするとユダヤ人が所有している土地ではなくなり、アラブ人達が従来通り耕して、アラブ人がその収穫を売るという形を取る。これは土地のバイバック方式による売買というやり方で、アラブ人とイスラエル人とで利益を分配する。

もうひとつは、これがイスラエルの農業技術発展の基礎になったのであるが、いっさい土地と接触しない栽培方法を科学的に開発した。いわゆる温室栽培である。ただし日本のように単に覆いをかけるだけではなく、土地と分離された形で作物を空中栽培する方法を科学的に色々開発した。

これだとユダヤ人の土地で栽培された作物ではないという定義になるため、7年目の作物をいっさい収穫してはならないという戒律の適用を受けない。

イスラエルの最先端農業技術はこのような宗教的な戒律の故に、逆に発達してきたと言っても過言ではない。イスラエルは、砂漠の国のように見えても、農作物輸出国なのだ。日本人は乾燥している砂漠地帯と思っているが、実はイスラエルは先進農業大国なのだ。

＊註　7年に一度の安息年は全てヘブライ暦で計算される。最近ではヘブライ暦5712年（西洋暦では1951年から1952年にかけて）。それから、ヘブライ暦5719年（西洋暦では1958年から1959年にかけて）。次に5726年（1965年から1966年）、5733年（1972年から1973年）、5740年（1979年から1980年）、5747年（1986年から1987年）、5754年（1993年から1994年）、5761年（2000年から2001年）、5768年（2007年から2008年）、5775年（2014年から2015年）と、確実に7年に一度訪れてくる。

肉とミルクを一緒に食べても調理してもいけない。

（613の戒律の109番目）

前章でも述べた通り、ユダヤ人は宗教上、世界で最も厳しい食事戒律を課せられている。その厳しさはムスリム以上である。117番目には「血は食べてはいけない」、118番目には「脂身は食べてはいけない」等々、食べて良いもの、食べてはいけないものが宗教上ハッキリと決められている。

無論、全てのユダヤ人がその戒律通りに食事をしているわけではない。しかし、戒律を忠実に守っているユダヤ人が多いことは事実である。

少なくとも世界中のユダヤ人はムスリムと同様、決して豚を食べない。豚に近づかない。豚肉は徹底的に避けようとする。ベーコン、ソーセージ、豚肉からとったスープは言うに及ばず、豚由来のもの全てを絶対に避ける。例えば豚骨スープも絶対に食べない。

肉類については牛、羊、山羊、鶏の4種類が日常的に許されているが、屠殺《とさつ》方法が厳格に決められているので、その辺の肉屋から買って良いというわけではない。必ずユダヤの食事戒律に従った肉（コーシャの肉）を売っている肉屋から買わなくてはいけない。

また、乳製品と肉を一緒に食してはいけないという厳格な戒律もあるので、チーズを食べたユダヤ人は肉を食べないし、肉を食べたユダヤ人はチーズや牛乳を食べないようにしている。ユダヤ人が入るレストランをコーシャ・レストランと言うが、基本的にそこでは牛乳や乳製品は出ない。乳製品が出ると肉は出ない。両方出ることは決してない。

魚介類については日本人が最も好むエビ、イカ、カニ、タコ、貝類、鰻、河豚《ふぐ》、ハモ、牡蠣《かき》などは決して口にしない。無論、ナマコも口にしない。それらはユダヤの宗教上禁止された食べ物であるからである。

ということであるから、ユダヤ人は基本的にベジタリアンとなるのである。

酒類については、ワインに一番厳格な戒律があり、ユダヤワインしか口にしてはいけない。ユダヤワインとは、ユダヤ人の農園でできた葡萄《ぶどう》をユダヤ人が収穫し、ユダヤ人が醸造したワインをユダヤ人の運搬業者が運搬し、ユダヤ人が栓を抜いてユダヤ人が注いだワイングラスから飲むワインに限られている。

さて、ベジタリアンとなることがユダヤ人の経済生活にどのような影響を与えるかは想像に難くない。

元々ユダヤ人は異教徒と食事、特にディナーを一緒にすることは戒律上禁止されているうえ、ベジタリアンとなると誰とどこでも食事ができるわけではないことになるから、グルメに走ることもないので、そういうことに時間も金も使わない。付き合いの宴席にも出られない。

食事戒律に従わない異教徒と食事をすることもお互いに不愉快になるので、これもできるだけ避ける。だから飲食上の付き合いやグルメ探訪のためにお金を使うこともほとんどない。

必然的に食事は妻が作ってくる料理を食する必要があるため、仕事が終わればまっしぐらに帰宅するということになる。ここで夫婦円満、家庭平和、そして何よりも子供に色々とユダヤ教のことを家庭で教える時間が増えるので、子供の知的成長に両親が十分な時間を割《さ》けるということになる。

要するに、ユダヤ教では「人は食べるために生まれてきたのではない」という大きな宗教上の価値観を教え込む。

　そもそも外食は健康食ではないから不摂生に繋がるし、飲酒にも繋がる。異性との変なことにも繋がる。ユダヤの食事戒律は、夜の外食、夜の宴席にまつわるあらゆるリスクを回避する意味がある。

コラム　ラバイによるミツボ～ネティラ・ヤダイム(Netilat Yadaim)～

　613の戒律の他にラバイ（ユダヤ教の宗教的指導者）が何百年もかけて議論して確立したラビニカル・ミツボというものが7つある。その7つのなかで経済生活に関するものは、「食事や祈りの前、汗を拭いた後、トイレの後などには必ず手をよく洗うこと」というものがある。

　ユダヤのレストランやイスラエルのレストランには必ず食事の前に手を洗う手洗所（トレイとは別のところ）があり、ネティラ・ヤダイムというユダヤ独特のハンドルが2つ付いたカップで行う。この衛生上の規定がある故にユダヤ人は病気から守られてきたという面がある。

なぜハンドルが２つ付いているかは、考えればすぐ分かるだろう。汚れた手をひとつのハンドルで持ち替えると、汚れ（バイ菌）が結局、洗った手に戻ってくるからだ。従ってユダヤ人は片方ずつハンドルを持ち替えて洗う。

動物と性的関係を持ってはいけない。
男が男と性的関係を持ってはいけない。
他人の奥さんと性的関係を持ってはいけない。
生理中の女性と性的関係を持ってはいけない。
奥さんの兄弟、姉妹と性的関係を持ってはいけない。
女性とその娘と同時に性的関係を持ってはいけない。
女性とその孫と同時に性的関係を持ってはいけない。
兄弟の奥さんと性的関係を持ってはいけない。
息子の奥さんと性的関係を持ってはいけない。
父親の兄弟、姉妹と性的関係を持ってはいけない。

父親の兄弟の奥さんと性的関係を持ってはいけない。
母親の兄弟、姉妹と性的関係を持ってはいけない。
自分の娘と性的関係を持ってはいけない。
自分の娘の娘と性的関係を持ってはいけない。
自分の息子の娘と性的関係を持ってはいけない。
自分の兄弟、姉妹と性的関係を持ってはいけない。
自分の父親と性的関係を持ってはいけない。
自分の実の母親と性的関係を持ってはいけない。
自分の父親の新しい奥さんと性的関係を持ってはいけない。
自分の父親の新しい奥さんの娘と性的関係を持ってはいけない。

（613の戒律の186～209番目。レビキタス第18章）

驚かれるだろうが、ヘブライ聖書では性的関係を持ってはいけない相手を具体的に列記している。日本の方からすれば信じられない戒律だと思われるかもしれないが、このような不純な性的関係が現実に存在するから書かれているのであり、これはユダヤ人、日本人共通の問題として捉えたほうが良い。

このような性的な異常がユダヤ人の間のみで行われているからこれだけ露骨に、具体的に書いているのだろうか？　日本人には関係ないと思われるだろうか？

日本人は清廉潔白《せいれんけっぱく》、性的に正常で、ユダヤ人は性的に異常だからこのような戒律があるのだろうか？

日本ではこのようなことが起こっていないというわけではない。日本ではこのような宗教戒律を文字にしているものがないというだけであり、現実にはこういう性的関係が大きな社会問題になっていることは事実である。

ユダヤではこのような性的な異常行動が平穏な経済生活の破壊要因になることを熟知しており、それが故にかくも具体的に注意を喚起する意味で戒律に書かれているのである。

こういう問題が起こると平穏な家庭生活どころか平穏な経済生活、富の蓄積はおよそ不可能になってしまう。こういう性的関係を構築しながら経済的に豊かになるというのは難しいのである。

ユダヤでは正常な性生活は経済的成功の要因のひとつと考えている。タイガー・ウッズ（Tiger Woods）も性的関係の不純で凋落《ちょうらく》した、と言ってよい。彼を見れば、ユダヤ教の性的戒律と経済的安定の関係が分かる、というものだ。

ただレスビアン、ゲイについては異論があることは分かっている。例えばアップルの現

CEOのティム・クック（Tim Cook）はゲイであるが、経済的に非常に豊かな生活を送っていることは想像に難くない。あくまでも何千年も受け継がれているユダヤ教の教義のことと考えてほしい。

自分の畑、自分の果樹園、自分の葡萄《ぶどう》園を刈り取るときには、近隣の貧しい人達が入ってきて飢えを満たすことができるように、丸坊主にするような徹底した刈り取りを行ってはいけない。

（613の戒律の214〜221番目）

いわゆる「落ち穂《ぼ》拾いをするようなところまで農園主がやってはいけない。落ち穂拾いは近隣の貧しい人達のために取っておかなくてはいけない。隅から隅まで刈り取ってはいけない。隅のほうは刈り取らないで近隣の貧しい人達のために残しておかなくてはならない。形の悪い葡萄まで摘み取ってはいけない。形の悪い葡萄は近隣の貧しい人達のために摘み取らないで残しておかなければならない」という規定である。

特に近隣の貧しい者のために農園主、すなわち金持ちは手を差し伸べる必要があるということを教えている。

ミレーの《晩鐘《ばんしょう》》や《落ち穂拾い》はこのヘブライ聖書の規定に基づき、農園主の畑の落ち穂を拾う近隣の貧しい人達の感謝の祈りを絵にしたものである。

一粒残らず刈り取るということをしてはいけないとしていることは結局、強欲な商売をしてはいけないということである。

これは現代の経営についても言えることであり、国際的な経営をしている企業ならば、世界の貧困者対策に寄附《きふ》をする必要があるということではなかろうか。そういった経営をすることが、結局は企業の繁栄と永続に繋がるということをユダヤ教の戒律は教えている。

労働者の賃金の支払いを遅滞してはいけない。

(613の戒律の222、228番目)

ここで言う労働者は自分の農園の農作業に従事する近隣の作業員で、そういう人達への賃金の支払いということが多かったが、その他にも色々な仕事を頼んだ場合の賃金の支払いもこの規定のなかに含まれている。

ユダヤでは賃金の支払いは後払いがほとんどであったから、労働が先に提供され、賃金は後で支払われる。この支払いを遅滞してはいけないというものである。

賃金をまったく支払わなければタダ働きを強制することになるし、1日でも支払いが遅れれば支払いをアテにして色々な生計を立てている労働者を困らせることになる。

さしずめ今で言うと、残業をさせておきながらサービス残業だと言うのと同じである。そのようなことをヘブライ聖書では数千年も前から戒《いまし》めているのである。経営者たる者、タダで労働者を使ってはいけない、というユダヤ教の戒律だ。サービス残業はユダヤでは戒律違反なのだ。

また、338番目（レビキタス第25章第43節）には「召使いに対しては過酷であってはならない」という規定もある。ここで言っている召使いというのは自分が雇っている者という意味である。労働者に対して過酷であってはならない。今で言うパワー・ハラスメントや過労死が出てしまう労働環境を禁止しているものである。

戒律に従い実直に行動しようとする者を敵視してはいけない。

（613の戒律の230番目）


これは身内の忠誠や仲間内の忠誠ではなく、神の法に従い実直に正義を貫こうとする者を遠ざけ、阻止し、妨害し、仲間外れにしたりしてはいけないということである。

往々にして仲間の結束、仲間内の忠義が神の法に優先し、グループ全体として神の法に背《そむ》く行動に出ることがある。いわゆる社内の常識、社内のやり方が社会の正義に反することを知りながら、仲間内の忠義、結束を優先してしまうことがある。

例えば、悪いとは知りながらも会社の決算報告に不正な操作を加えたり、会社全体で隠《いん》蔽《ぺい》工作が行われようとしているときに、公然と異を唱える社内の人間を圧殺してはいけないという規定である。

日本では有名な「忠臣蔵」がこれに該当する。仇《あだ》討ちはいかにそれが忠義から出るものであっても殺人であるから神の法に反する。このときに、赤穂浪士《あこうろうし》のなかに仲間を裏切って吉良《きら》邸への討ち入りを阻止しようという行動に出る者がいれば、その者は「戒律に従い実直に行動しようとする者」に該当する。もしその者が幕府に密告すれば、それは仲間の裏切り行為であるが、神の法に従う者として「これを敵視してはいけない」ということだ。

エステル記の第2章第22節では、ユダヤ人の中心人物モルデカイ（Mordecai）とユダヤの美しい娘エステル（Esther）の告発、すなわち神の戒律に従い正義を貫くため、自らの命の危険をかえりみずに、ユダヤ人の暗殺計画を立てたハマン（Haman）という執政官を告発したことを讃えているが、日本は赤穂浪士を絶賛する社会であるから、このユダヤ教の神の戒律が優先するという概念にはなじめない。しかし日本企業が日本以外、特に神の概念が強い西洋で直面するのはこの点の問題が多い。仲間をかばう日本企業が欧米で傷口を広げ取り返しのつかない事態に至ることが見られるのは、この点である。

裁判所においては、貧しい人間だからといって裁判官がそれに慈悲をかけて、その貧しい人間に対し厳しくもある正義の判決を下すことをためらってはいけない。

（613の戒律の231番目）

日常生活においては、金持ちは貧しいユダヤ人を助けなくてはならないとされているが、しかしだからといってその貧しい人間が罪を犯したときには公正な法の裁きを裁判官は下さなくてはならないと書かれている。

これは法の裁きにおける貧者への慈悲を裁判官が持つことを禁じたものであり、公正、正義を重んじることをユダヤ人の裁判官に要求している。

貧しいからといって裁判官が法廷において慈悲を感じてはいけない。例えば貧しい人間が万引きをした場合に、だからといって無罪を言い渡したり、あるいは軽微な判決を言い渡したりすると、結局は社会の正義が歪《ゆが》められてしまい、正常な経済生活が成り立っていかない。

他のユダヤ人を憎んではならない。

（613の戒律の237番目）

他のユダヤ人に対する心遣いを規定したものである。同様に239番目には「他のユダヤ人に恥ずかしい思いをさせてはいけない」、240番目には「他のユダヤ人を愛さなくてはならない」、241番目には「他のユダヤ人に復讐《ふくしゅう》をしてはいけない。他のユダヤ人に対して遺恨を抱いてはいけない」という規定もある。

遺恨、復讐、恨みという感情のために時間を割き、お金を割き、エネルギーを割くことが結局、自分の経済的な安定にマイナスになるということを教えているのである。同様に、他のユダヤ人に恥ずかしい思いをさせていては誰も近寄ってこないから、これまた経済的繁栄のマイナスになる。

読者に注意していただきたいのは、これらの戒律のどれも自分の考えを曲げてでも協調するとか人に媚《こ》びへつらうとかいうことを言っているわけではないということである。

日本では「和を以て貴しとなす」風潮が強い。それが故に〝自分を殺して〟仲間に同調することが美徳とされている。自分を曲げてでも協調するのが立派な人とされる。

これに対しユダヤ人は自分を曲げるぐらいなら、その〝仲間とは手を切る〟となる。遺恨、恨みというマイナス感情を抱え込まないで自分を貫くのがユダヤ人の一般だ。

だから、ユダヤ人はひとつの会社に長くいない。独立してスタートアップをする。ユダヤのスタートアップ文化の起源のひとつがここにある。

種類の違う種をごちゃ混ぜに植えてはならない。
種類の違う種を一緒に植えてはならない。
種類の違う動物をかけ合わせてはいけない。
種類の違う2つの糸で布を織ってはいけない。

（613の戒律の243、244番目）

まず、違う種類の種を一所に混ぜて蒔《ま》いても、収穫時期や生育時期が違うために一方が枯れてしまったり、収穫そのものが難しくなる。非常に効率が悪い。

同様に、山羊と羊をかけ合わせてもいけないし、そのようなことをしても自然の摂理に反するものであり、健康な子供が生まれてくるわけでもない。

また、製品として、例えば羊毛と絹を混ぜ合わせて良い布ができるわけではないし、麻と綿を混ぜ合わせても良い布ができるわけではない。物事の完成度を高めるには同種の材料を使うほうが良いと言っている。

これらは自然の摂理に従った生産活動を要求する戒律である。ここから、遺伝子組み換えに対する否定的なユダヤの考えが生まれてくる。遺伝子組み換えをしてまで金儲けをするなということだ。

神の摂理を生産性より優先する。金のために神の摂理に背くことはない。科学は神の摂理を知るための道具であり、神の摂理を操作する道具ではない、というのがユダヤ教の考えである。長い目で見れば、神の摂理に反する科学技術は長続きしないことをユダヤ人は知っている。

占いをしてはいけない。

（613の戒律の248番目）

例えば日本でよくやっている手相観、そして「あなたはこうなる、ああなる」というやつ、これも占いである。あるいは巫女《みこ》が火を燃やしてお告げを告げるという儀式も占いである。あなたの未来を予想するという行為は全て占いである。ユダヤ教ではこれを厳しく禁止している。

こういう行為はユダヤの神を否定するのみならず、占い師や占い師の言葉を神や神の言葉と崇《あが》め奉《たてまつ》ることにも繋がりかねない。

また企業の経営者がこの占いに凝《こ》り出すと、まったく経済合理性のない経営判断をするようになってしまう。

個々人の日々の努力においてもしかりである。「占いでこうなると決まっているから自分は努力しなくていい」と言ってみたり、「もういくら努力しても占いでこういうふうに言われているからやーめた」となってしまう。これでは経済的な成功は覚束《おぼつか》ない。

髪を切ってはいけない、髭を剃ってはいけない、常に帽子を被っていなければいけない。

（613の戒律の250、251番目）


「特に耳の上の髪の毛は剃ってはいけない、切ってもいけない」とされている。要するに男は頭の両側、両サイドの毛を刈ってはいけないという戒律がユダヤにある。これは、ユダヤ人はユダヤ人らしい服装をしろ、同化してはいけないということである。

髭《ひげ》を剃らないのはムスリムの人達も同じであるから、髭でユダヤ人とムスリムの人達は区別できない。だからムスリムの人達とユダヤ人とを区別するのは耳の上の毛、つまり側頭部を刈ってはいけないという点である。

そのために超正統派（ウルトラ・オーソドックス）のユダヤ人は日本で言う〝お下げ〟をしたような髪形になっている。耳の横にクルクルと、三つ編みではないがカールした髪の毛を束ねて棒のように両方の耳の横に垂れ下がっている。超正統派ユダヤ人独特のヘアスタイルだ。こういうヘアスタイルをしている人間がいれば間違いなくユダヤ人であるということになる。

さて、この規定がユダヤ人の経済生活と一体どういう関係があるのかということである。実は大いに関係がある。一見してユダヤ人だと分かってしまうヘアスタイルによって、ユダヤ人として恥ずかしくない行動を自律することになる。

日常生活において間違ったことはできない。戒律に違反したことはできない。なぜなら見るからにユダヤ人である髪形をしているからである。

日常生活、特に経済生活において誤った経済活動をしない自己規制、自律が独特のヘアスタイルから生まれるのである。

商売をする人間は秤、巻尺は正確で正直なものを使わなくてはいけない。

（613の戒律の258番目）

ビジネスにおける欺罔《ぎもう》、虚偽を禁止したものである。コンピューターを操作して顧客に不利な計算をしたり、ハッキングしたりスキミングをしたりすることも含まれる。今風に言えば、粉飾決算、偽装設計、偽装商品、コンピューター犯罪である。

例えば和牛でないのに和牛と言って売ったり、賞味期限切れのものを賞味期限内であると表示したり、利益を過大に見せる粉飾決算をしたり、十分な耐震ではないのに耐震設計をしたと言ったり、数え上げればキリがない。お客の食べ残しを、もう一度別の客に出すこともそうだ。こういうことをしていれば結局は信用を失い、事業が潰れ、会社が潰れ、経済的な安定と成功は一瞬の間に消えてしまう。

自分のたまたま住んでいる国の習慣や服装に従ってはいけない。

（613の戒律の263番目）

つまりユダヤ人はユダヤ人としてヘブライ聖書の規定にのみ従って生活するべきであり、たまたま自分が住んでいる国の生活習慣を真似してはならない、いわゆる異教徒の国に住むユダヤ人は同化してはならない、という規定である。

これはユダヤ人のコスモポリタン気質を象徴する規定と言える。コスモポリタンは同化しないということだ。同化してしまうとローカライズ（Localize）してしまう。ローカライズしてしまうと、もはやユダヤ人ではなくなる。ユダヤ人は世界中にいるが、どこにいてもユダヤ人らしさを失わない、ユダヤ人であることを主張する。住む場所は問わないが、決して同化してはならない。そうすることによってユダヤ人の純粋性を世界のどこにおいても保つ。これが逆にユダヤ人のコスモポリタン気質に繋がっているのである。

ユダヤ人は世界中に散らばってビジネスに従事しているが、どのユダヤ人も同じ原理原則、生活様式、生活習慣、すなわちユダヤ教の戒律に従っているという安心感で結ばれている。

服装（特にチチイット〈Tzitzit〉、本書１１９ページ参照）、髭、帽子またはキッパ、メズゾ（Mezuzah、ドアポストに付けるもの）、祭事など、ユダヤ人はどの国に居住してもユダヤ的であることを前面に出す。従って一見してユダヤ人であることが分かる。民族の紐帯が国際的にすぐに生まれる。これがユダヤ人が世界的なビジネス展開において強みを発揮する理由でもある。

日本人の場合は、明治を境にして完全に西洋に同化した。日本人は異教徒の習慣に同化した。服装から生活様式から結婚式から祭事に至るまで西洋に同化した。バレンタインデー、ハロウィン、クリスマス、教会での結婚式、そして、そもそも日曜日を休日とするキリスト教の生活習慣もそうだ。ユダヤ人は、これらを全て拒否している。日本人は、これらを全て取り入れた。

シャブオット（Shavuot）の祭日、ロシュ・ハシャナ（Rosh Hashanah）の祭日、ヨム・キプール（Yom Kippur）の祭日、スコット（Sukkot）の祭日、シュミニ・アッレェット（Shemini Atzeret）の祭日。これらの日には仕事をしてはいけないことになっている。もちろんパスオーバーの期間中に仕事はしない。

（613の戒律の305、307、310、312、314、315番目）

これは仕事をしてはいけないユダヤ教の祭日について書かれている。毎週1回巡ってくる安息日以外にも、ユダヤ人は仕事をしてはいけない日がとにかく猛烈に多い。

シャブオットの祭日というのはシナイ山でユダヤ人が神からトーラー（Torah、ヘブライ聖書）を授かった日である。

ロシュ・ハシャナというのはユダヤ人の新年である。

ヨム・キプールというのはユダヤ人の大贖罪《しょくざい》日である。

スコットというのはヨム・キプールの後に訪れる砂漠時代の生活を体験する祭りである。

シュミニ・アッレェットとはスコットの7日間の祭日の翌日に当たる。これらの日には仕事をしてはいけない。

だが、家畜を飼っていたとしよう。仕事をしてはいけない日に家畜に水をやらないわけにはいかない。どんな仕事でもどうしても1日たりとも手を離せないことが多い。そういうときには異教徒に頼んでやってもらう以外にはない。

そこからユダヤ人は、自分が仕事をしてはいけない宗教上の祭日にいかにして異教徒に自分のために働いてもらうか、ということに頭を使ってきたのである。

一番良いのは金融である。自分が労働しないでもお金がお金を稼いでくれる。ロスチャイルドがそうだ。

2番目に良いのは通信業である。自分が何もしないでもインフラさえ整備しておけば勝手に人々が使ってお金を払ってくれる。ユダヤ人が創業したクアルコムがそうだ。

3番目に良いのは娯楽である。具体的に言うとユダヤ人が作ったと言われるハリウッドだ。いったんフィルムを作ってしまうと、人々がどんどん観てくれる。

そして、最近ではITだ。いったん膨大なソフトウェア・システムを作り上げてしまえば、皆が利用してお金を払ってくれる。ユダヤ人が創業したグーグルとかフェイスブックがそうだ。

常にチチイット（Tzitzit）を垂れ下げていなければならない。

（613の戒律の379番目、ナンバーズ 第15章第38節）

ユダヤ人の男性の服装規定である。チチイットというのは糸を撚《よ》ったような房《ふさ》のことで、日本で言えば神主が着ている長服の袖から垂れたような房のことを言う。房の結び目一つひとつが、ユダヤ人が守るべき613の戒律を表し、日常生活においてチチイットを着ることによりその戒律を常に思い出し、それを守るように意識するためのものである。

ユダヤの男性はそれを腰の前に2本、腰の後ろに2本、常に垂れ下げていなければいけないとされている。そのため、正統派ユダヤ人はこのチチイットが下がった胴着（白い胴着をタリート・カタンと言う）を必ず着用する。

ユダヤ人の経済生活において重要なことは、このチチイットが腰から垂れ下がって出ているが故に常に商売において神に対して恥ずかしくない振る舞いをしなくてはいけないということである。

商売のための服装ではないが、チチイットが垂れ下がっているとすぐにユダヤ人と分かるから、他のユダヤ人から信頼を瞬間的に得ることになる。それは商売において大変な強みになる。これは先の「髪の毛を切ってはいけない、髭を剃ってはいけない、常に帽子を被っていなければいけない」という規定と同じである。

独特のヘアスタイルと黒い帽子、黒の上下、これにチチイットが加わると100％間違いなくユダヤ人である。そして、そのようなユダヤ人の経営しているところに自然と他のユダヤ人は集まるから商売繁盛となる。

人の持っている物を羨んだり欲しがったりしてはいけない。

（613の戒律の413番目、デュートロノミー第5章第19節）

この規定は本書62ページの十戒のところで述べたように、ユダヤ人の独自性、独創性、スタートアップ主義、起業文化の根拠となっている。

人の物を羨む、人の物を欲しがるというのは要するに、人と同じことをしてどちらが上かという優劣の競争をすることに繋がる。

人の物を羨まないとなると、自分は人と違うことをやるということになる。独自性、人と違うということをユダヤ人は追求する。基本的にユダヤ人は、人と同じことをすることや人と同じであること、つまり横並びを非常に嫌う。ユダヤでは、他社がやっているから我が社もやらないわけにはいかない、という判断は絶対にしない。むしろ逆に、他社がやっているなら我が社は別のことをやろう、となる。それはこの戒律の413番目からきている。

ユダヤ人の国イスラエルで独自技術をベースにしたスタートアップが多いのは、「人と同じことはしたくない」というユダヤ人の独自性からきている。その独自性には、実はユダヤ教の戒律が背景にある。

ユダヤ人は「和を以て貴し」とはしない。無理をして和するぐらいなら、分離、独立、分裂、独歩の道を選ぶ。だからイスラエルには、やたらスタートアップが多いのだ。

ユダヤ人の家にはメズゾ(Mezuzah)というヘブライ聖書がなかに入ったものをドアというドアに付けなくてはならない。そして、そのドアを通るときにはそのメズゾに触れなくてはならない。

(613の戒律の420番目)

ユダヤ人の家の門扉には必ずメズゾが付いているので、ユダヤ人が住んでいることが一目瞭然だ。マンションでもそうだ。エレベーターのドアにも付いている。ユダヤ人の経営するホテルだと、全ての部屋のドアに付いている。

これは先に述べたチチイットや髪形と同じ働きを女性に対してするのである。その家から出てくる人は、男のように髪形やチチイットの義務のない女性でもユダヤの女性と分かる。メズゾの付いている家を出入りしている男も女もユダヤ人だと見られているので、悪いことはできないのだ。

偶像崇拝者に対し好意を示したり、偶像崇拝者と約束事を交わしてはいけない。

(613の戒律の423番目)

ここで言う偶像崇拝者というのは、神や仏の像を作って崇拝の対象とする人々のことを言う。従って仏教、ヒンズー教、道教に該当し、日本人の多くは偶像崇拝者となる。神道も菅原道真《すがわらのみちざね》像や牛、狐などを偶像として持つので、やはり偶像崇拝教である。また、カソリックもイエス・キリスト像やマリア像などを信仰の対象とするので偶像崇拝者と言える。

プロテスタントやムスリムは偶像崇拝者ではない。プロテスタントにも色々あり、イエス・キリストの磔《はりつけ》の肉体像を伴う十字架を崇拝の対象とするならば偶像崇拝となるが、まったくイエスの肉体像のない十字架を見る宗派もある。カルヴァン派である。それならば偶像崇拝者ではなかろう。

偶像を崇拝の対象とする人々は、その偶像を管理する人間までをも崇拝してしまうことが多い。坊さんや神主さんや神父さんを崇拝したり、偶像の近くに行って仏事神事を執り行う教祖や法皇を崇拝したりする。そして、そのような生きている人を現人神《あらひとがみ》として崇拝することになる。そうなると、信者と言われる人々は教祖の言うことに従うようになってしまう。人が人を支配する構図が生まれる。ユダヤではこれを最も嫌う。

社長や上司に対して平気で自己主張することを許すユダヤ的経営環境は、ここから出てくる。つまり、天地創造主たるユダヤの神以外の神や仏の偶像、すなわちローマ法皇のような権威者や崇拝対象者を持ってはいけない、というユダヤの戒律である。経営の神様など、もっての外となる。ユダヤ人の会社がフラットな組織形態をとるのは、この戒律が背景にある。

ユダヤ人はユダヤ人以外と結婚してはならない。

（613の戒律の424番目、デュートロノミー第7章第3節）


ユダヤ人は子供の頃からシナゴーグに出入りするようになるから、シナゴーグで巡り合った相手と青年期を迎え結婚することが多い。つまり親同士、顔見知りで気心が知れているシナゴーグ仲間、そして子供の頃からお互いにシナゴーグでよく顔を合わせている男女という組み合わせである。

最初からユダヤ人同士の男女が結婚するのが最良だが、男性がユダヤ人で女性がユダヤ人でない場合には、ユダヤ人でない女性と結婚することはできないから、その女性がユダヤ教に改宗してから結婚式を挙げることになる。ユダヤ人の母から生まれる子はユダヤ人となるから、この戒律は非常に重要となる。
逆の場合も同じである。女性がユダヤ人で男性がユダヤ教徒でない場合には、男性がユダヤ教に改宗してから結婚式を挙げることになる。しかしこの場合、女性がユダヤ人だから、男性が改宗しないでも生まれた子はユダヤ人となるので、それほど厳格に守られてはいない。
このような戒律があることの経済的な意味は何か。それは宗教と価値観を共有する者同士の結婚を宗教上の戒律として要求することにより、結婚生活をより波風の立たないものにするという意味合いがある。
やはり異教徒との間では考え方も行動様式も全て違ってくるが、ユダヤ人同士ならその問題がない。家庭が円満になる可能性が高い。そしてユダヤ教では、家庭が円満になることが経済的に安定することに繋がると考えているのである。

寝ても覚めてもいかなるときでも、子供にトーラーに書かれていることを教えなくてはならない。

（613の戒律の425番目、デュートロノミーの第6章第7節）

恐らくユダヤ人に経済的に成功している人が多いのは、これが最大の理由のひとつであろう。

とにかく父母から子供へ、子供からその孫へと何代にもわたって親は子供にトーラー（ヘブライ聖書）の勉強を教え続ける義務があるとされている。

こうすることによって、ユダヤ教の戒律がユダヤ人の家庭で父母から子供へ、そしてその子供が成人したときにはその子供からさらに孫へと引き継がれていく。ユダヤ人は教育熱心だが、受験勉強はまったく頭にない。トーラーを子供に教えることにあるのだ。

他の国の人々に比べて、父母が子供に（トーラーの）家庭教育をする時間が非常に多い点がユダヤ人の際立った特色である。

平日は会社勤務と夜の会合などで子供が寝静まってから帰ってきて、朝は出勤のために子供と過ごす時間もなく、土日は付き合いゴルフと、子供に何かを教える時間がほとんどない、という日本の状況とはまったく逆だ。ユダヤの親は子供へのトーラー教育に、たっぷりと時間を注ぐのだ。

ユダヤ人の家庭の多くは、日本の父親、母親に比べて恐ろしいほどの長時間を子供と過ごし、ユダヤ教の教義、ユダヤ教の考え方を子供に教える。そこで何が失敗しない道であるか、どうすればトラブルに巻き込まれないかという戒律が教えられていく。

トーラーの戒律通り生活することが失敗の最も少ない生き方である。従って、子供にトーラーの勉強を教えることは親の務めとなる。

偶像崇拝者の偶像の附属物を売買するなどして、それから利益を得るようなことがあってはならないし、またそのようなビジネスに従事することも許されない。ユダヤ人は偶像崇拝者に仏像を作って売ったり買ったり、あるいは仏像にまつわる仏壇、仏具や数珠などの製造に従事し、その売買をするなどのことをしてはいけない。

（613の戒律の425番目）

これは何も仏壇、仏具に限らずいっさいの多神教のもの、偶像崇拝のものに関して適用される。ユダヤでは偶像崇拝禁止が中心的な教義であるから、偶像にまつわるような附属物に触れることも関わることも禁止されているのである。

従って、ユダヤ人は宝石商を営む者が多いが、十字架の宝石などを扱ってはいけないし、扱うこともない。同様に偶像崇拝教である仏教やヒンズー教などの飾り物の輸出入や製造業に携わることも禁止されている。

歴史的にはユダヤ人はイスラム教徒（まったく偶像を持たない）と一緒に商売をすることが多かったし、生活圏を接することも多かったのは、この戒律があるからである。

つまり、地中海、シルクロードを通して西のカソリックという偶像崇拝者がいるヨーロッパと、東の仏教、道教という偶像崇拝者がいる中国と交易するちょうど真ん中、中東のアラブで、イスラム教徒を前面に出し、彼らをそれら偶像崇拝者と接触させ、自分達はその裏にまわるというビジネスの構図である。どういうことかと言うと、シルクロード交易のイスラム隊商への金融、資金供与とか取次業とかにユダヤ人は携わったのである。

613の戒律に変更を加えてはいけない。

（613の戒律の450番目、デュートロノミー 第13章第1節）

変更を加えるということは、勝手に削ってみたり、あるいは全然別のものに取り替えたり、勝手に増やしてみたり、そういうことをしてはいけないというのである。とにかくこれが全てであり、これ以上でもこれ以下でもない、というのが613の戒律である。

613だけでもかなりの数であり、日常生活でこれを守るとなると実は大変な苦労を強いられる。従って、人々はなんとかこれを減らそうとしたり、あるいは勝手に守らない条文が出てきたりする。そういうことがあってはならないとしているのである。

これを親は子供に向かって教え込んでいく。613の戒律を守ることこそユダヤ人の身の保全、経済的安定に繋がるという経験則からである。

偶像崇拝者を徹底的に排除する、忌み嫌う、遠ざける、近寄ってはいけない、擁護してもいけない、常に非難、批判、否定しなければいけない。

（613の戒律の453、454、455、456、457、459番目、デュートロノミー第13章）

先にも述べた通り、とにかくユダヤ教は徹底的に偶像崇拝者を否定し、偶像崇拝者と対立する宗教である。

ユダヤ教は人間が神以外の権威を作り上げること、人間が神以外の信仰対象を作り上げること、人間が人間を信仰し、拝み、崇拝することを徹底的に忌《い》み嫌い、否定する。

もちろん「死者を信仰の対象にすることも禁止」する。歴史上の人物を信仰の対象とすることも徹底的に禁止するのである。この点で神道は菅原道真や徳川家康を信仰の対象にしたりしているのでユダヤ教からみるとやはり偶像崇拝教と言える。

そういうものを信仰の対象にするということは多くの場合、お賽銭《さいせん》やお供え物、寄附などをその信仰の対象とする偶像を管理する者が徴収することになり、それらの者に資金が集中し、いわゆる金まみれの神社、仏閣ができあがることになりかねない。そして、それらの者がいずれは権力者と結びつき政治を左右することになる。ユダヤ教ではこれを最も嫌い否定するのである。

人々の信仰心を煽《あお》りたて、お賽銭名目で人々から金を取り、その集めた金の力で政治を左右するようになると、政権側も宗教を利用して国の支配を行うようになる。そのように宗教の政治的利用、宗教が政治的な力を持つことをユダヤ教は最も嫌う。

そして、そのような国は住みにくいし、経済的な安定も得られないとユダヤ人は考える。そこで、613の戒律の462、463番目では「偶像崇拝者の住む街を破壊しろ」（デュートロノミー第13章第17節）と定めているのである。

従って、偶像崇拝者から金利を取り、物を高く売り、厳しい条件で取引するのは、当然のこととされる。

貸付金は7年間で時効にかかる。

（613の戒律の473番目、デュートロノミー第15章第2節）

その人に関する借金は、貸付日がいつであってもユダヤ暦7年目には全て消えるということだ。だから、1年前でも6年前でも全ての借金は確定的に巡ってくる7年目には消える。金を借りても7年以上は借金の取り立てに追いかけられることはない。

この点は日本の時効制度とはまったく異なる。日本では7年間待たなくてはならない。

しかし、ユダヤでは早ければ1年でも借金は消える。圧倒的に借主の保護をしているのがユダヤ法だ。

ユダヤ教の戒律に従えば金を借りても7年以上は借金の取り立てに追いかけられることはない。もちろん、偶像崇拝者に対しては、時効はない。

従ってユダヤ人は同胞のユダヤ人に対しては金利なしで貸し付けなくてはならないし、強制的な取り立てもできないし、7年で貸付金は全てパーになるが、異教徒、特に偶像崇拝者に対してはこれらのことが全て不適用となる。偶像崇拝者に対して金を貸した場合は別である。7年で時効にかかることもなければ、「徹底的に取り立てろ」と規定している。

ユダヤ人が国際的な金融業で成功する理由はここにもあると言える。

逆に言うと、ユダヤ人の金融業はユダヤ人相手では成り立たず、国際化しないと成り立たないのである。できるだけ異教徒の偶像崇拝者に金を貸すことが必要となってくる。つまり国際化である。

ユダヤ人は可能な限り（同胞ユダヤ人の）貧者への施し、寄附、チャリティーを行わなくてはならない。

（613の戒律の477番目、デュートロノミー 第15章第8節）

人が何らかの理由で経済的に困窮《こんきゅう》することは、長い人生において当然起こり得る。事業に失敗することもあれば、病気になって働けなくなることもある。そのようなときにユダヤ人は全員でお金を出し合って支え合わなくてはならないという規定である。

この相互扶助は基本的にコミュニティー単位で行われる。つまりシナゴーグ単位である。そのシナゴーグのメンバーで経済的に困窮した人がいるときには、同じシナゴーグの他のメンバーが全員で経済的にこれを支える。また足腰が弱って歩けなくなれば、全員で介助し、介護する。全てシナゴーグ単位、町単位というコミュニティー単位で行われる。

このような確固たる相互の補助システムがあるからユダヤ人はサラリーマンになって安定を求めるより、失敗の確率が非常に高いと言われるスタートアップ、起業に向かうのである。それはイスラエルのユダヤ人に限らない。世界中のユダヤ人がそうだ。

背の高い柱のようなものを信仰の対象として建ててはいけない。

（613の戒律の490番目、デュートロノミー第16章第22節）

大仏殿も、鳥居も、神柱も、巨石も、ユダヤ教では許さない。それらが信仰の対象になることを恐れるのである。ユダヤ教では、あらゆる物的形態を信仰の対象とすることを極端に嫌う。

それが故にユダヤ人の頭は、アインシュタインのように、抽象思考に向かうのである。物的なものに手を合わせ拝み出した途端に、抽象思考の頭脳活動が停止する、とユダヤ教では考える。だからかもしれないが、ユダヤ人のスタートアップは未来を考え抜いたものが多い気がする。

ユダヤの王は馬をたくさん所有してはならない。ユダヤの王は多くの金銀を所有してはならない。

（613の戒律の496、498、499番目）


これはユダヤの王の守るべき規律について書いている。これはあくまでも比喩的なものであり、「財産的に巨万の富を持つ者は王たる資格はない」ということを言っている。さしずめ、もし今のアメリカがユダヤの国であるならば、トランプのような金満家《きんまんか》は大統領になってはいけないという規定である。

国の統治は全国民のために公平でなければならない。だが、金満家はどうしても金のために国の統治を左右することになりかねない。個人の富を増やす方向でその統治権力を使い、国民に迷惑をかけかねない。金儲けのため権力を握る者をユダヤでは許さない。

ヘブライ聖書にはもうひとつ、王の条件として「王は多くの妻を持ってはならない」とも書かれている。これは、身内でまわりを固めてはならない、縁故主義《えんこ》（Nepotism）に陥ってはならない、と言っているのである。〝お友だち〟内閣を作る日本の首相などは、まさにこの条件に違反している。

ユダヤ人は自分達の住む町の土地の3分の1を、誤って人を殺してしまったような人のために、そういう人達が逃れて住むことができるように境界線を必ず通れるようにし、その3分の1の土地のところに逃げていって住めるようにしておかなければならない。

（613の戒律の516番目、デュートロノミー第19章第3節）

つまり、自分の町や村のまわりに囲いや壁を作って誰もがそこから避難して行けないようにしてはいけないし、また、避難する人のために必要な広さの土地を空けておかなければならないという規定である。

誤って人を殺した人達が逃れ出られるようにと言っているが、それはあくまでも比喩であり、〝いわれなく攻撃の対象となる人々〟を言っている。さしずめ少数民族とか異端者、避難民のことを言っている。避難民の受け入れをユダヤ人の義務としているのである。異端の人々はまわりの人達の目もあるし、非常に住みづらいことになる。そのような人達が逃れ出て行って住むことができるように避難地を確保し、境界を開放しなければならないと書かれている。

トランプ大統領はメキシコとの間に壁を築くと言ったが、ユダヤ教では壁を築いても構わないが、必ず避難民のためにその壁の一部を開放しておかなくてはいけないし、通過できるようにしておかなくてはならない。そして避難民を受け入れる広さの土地を確保しておかなくてはいけない、と規定しているのである。

この原則にのっとって、イスラエルはスーダンから4万5000人の難民を受け入れている。また、イスラエルには人口の10%ほどのアラブ民族（ムスリム。もちろん難民ではないが）がユダヤ人と共存して住んでいる。

隣地との境界標識を勝手に動かしてはならない。

（613の戒律の518番目、デュートロノミー第19章第14節）

これは隣地との所有権をめぐる争いについての規定である。自明の理であり、説明は不要であろう。

戦いにおいてはパニックになってはならず、またパニックになって退却してはいけない。

（613の戒律の523番目、デュートロノミー第20章第3節）

ここで言う戦いというのは人生における色々な難局に直面したとき、という意味である。パニックになることが一番処理と対応を誤る。そして一番いけないことはパニックになって弱気になり退却することである。

人生における戦いにおいて敵を恐れてはいけない。かと言って、あまりに警戒してもいけない。これは危機に対処する心構えを謳っている。

ユダヤ人は、緊張することのほとんどない民族である。〝かしこまる〟ということは、まずない。偉い人の前で石のように固まるということもない。人前でスピーチするときにもまったく緊張しない。常に上の者に対して平気でズケズケと物を言う。だから民族的にはサラリーマンにまったく向いていない。逆に起業家に向いている。

戦いに勝って敵地を包囲している場合、いわゆる包囲作戦に出た場合には、その包囲作戦のなかで捕われの身になっている敵の水や食料を完全に断ち切るようなことをしてはいけない。

（613の戒律の527、530、532番目、デュートロノミー第20章第19節）

これは戦いに勝った場合のユダヤ人の守るべき戒律である。そして、「白旗を挙げて降参して来た人々のうち、女性に対しては性的な暴行を働いてはいけない」と規定する。戦争においてはこういうことが起こり得るので、ヘブライ聖書が定める戒律でそういうことがあってはならないと規定しているのである。

ビジネスの場面では、競争者を価格ダンピングで壊すようなことを戒めているのである。同じ事業で競争するより独自の事業を起こすことを良しとする。

落とし物を拾得したときには持主に返さなくてはいけない。落とし物を見て見ぬふりをしてはいけない。

（613の戒律の536、537、538番目）

これは遺失物、いわゆる落とし物に関する戒律である。戒律の540番目には「人が持ち物を持って重そうにしているときにはこれを助けなくてはならない」という戒律もあり、ユダヤ人は、大きな鞄を持って地下鉄の階段を上り下りしている老人にさっと手を差し伸べて荷物を持ってあげるということを戒律のなかに規定しているのである。

無論、当時は地下鉄などなかったので、ロバに積んだ重たい荷物の上げ下ろしを手伝わなくてはならないとしていたのである。よく西洋では若者が他人の重たい荷物を助ける光景に出くわす。ユダヤの戒律がキリスト教文明に影響を与えたと言っても過言ではない。

これも比喩的表現であり、要するに困っている人の救助義務を謳っているのだ。

男は男の服装を、女は女の服装をしなければならない。

（613の戒律の541、542番目）

これはユダヤ教がホモ・セクシャルを禁止していることによる。あまり現代的ではない。しかし、かなりのユダヤ教徒はこの点では保守的である。

親鶏が見ている前で雛鶏を取ってはいけない。

（613の戒律の543番目、デュートロノミー第22章第6節）

ユダヤ教ではコーシャ（Kosher）の規定に従って鶏は食べてはいけないことになっている。従って、この戒律は食用目的の野鳥の狩猟のことを指しているのではない。

しかし、飼育されている鶏はコーシャの規定に従って屠殺されたものならば食べることができるとされているが、親鶏がいる眼の前で雛鶏を取り出してはいけないというのである。動物にも親子の情がある。いわんや人間においてをや。

これと同じ趣旨の規定に「牛乳で子牛の肉を煮込んではいけない」というのがある。牛乳というのは母牛が子牛を育てるためのものである。そのようなもので子牛の肉を煮込む。つまり殺して食用にするというのは慈悲ではないというのである。

また、戒律の544番目には「母鶏は捕まえてはならない」という規定もある。ユダヤの法律では、飼育されている鶏は食べても良いことになっているが、その場合でも養卵中の鶏（母鶏、つまり雌の鶏）は捕ってはならないとされている。要は動物愛護の規定だ。

ユダヤ教では動物愛護の精神が徹底している。従って、クジラ、イルカは食用禁止である。四足動物も飼育されている牛と羊と山羊以外は食用禁止である。豚、猪は食用厳禁である。狩猟が禁止されているので野鳥も食用禁止だ。

逆に、飼育されている牛に、豚由来やコーシャでない動物由来のものが入っている飼料を与えてはいけないとされているので、ユダヤ教の禁止に従ったコーシャの肉は鶏や牛肉については安全性が高いとされ、ＢＳＥ（牛海綿状脳症）の恐れもないなどの理由でかなりの高価で売られる。

そのためコーシャの肉を食べさせるレストランは、値段は高いがいつも混んでいる。ユダヤビジネスの一形態である。入手を難しくすることによる高価格ビジネスモデルだ。〝安く大量生産〟の逆をいく。

平屋根には転落防止の柵を付けなければならない。

（613の戒律の546番目）

これも説明は不要である。怪我をしてしまっては経済的成功も覚束ない。

馬とロバ、牛とロバ、牛と馬など違う種類の家畜を同じクビキに掛けて働かせてはいけない。

（613の戒律の549番目）

これはそれぞれ力も歩幅も違うから、片方が必ず苦しむ結果になる、また良い仕事もできない、という教えからきている。

この戒律も比喩的に考える必要がある。何を言っているかというと、仕事における能力別平等のことを言っている。できない人間をできる人間のなかに入れて仕事をさせると、全体として良い仕事にはならないということだ。

同じクビキ（同一職種）にかけても牛とロバ、馬とロバは同じ仕事ができない。従って、〝同一職種同一賃金〟はユダヤ的ではない。むしろ、〝同一能力同一賃金〟、能力的賃金がユダヤ的となる。

クビキにかけられている時間（拘束時間）で賃金を決めてもいけない、とするのがユダヤ的だ。馬とロバでは同じ時間クビキにかけられていても、やる仕事の質も量も違う。〝同一拘束時間同一賃金〟も、ユダヤ的ではない。能力給が最もユダヤ的となる。

そして拘束される必要なく仕事ができるなら出社に及ばない、というのがこの戒律の言うところとなる。〝出社する必要もないという完全成果給〟だ。それがユダヤ的となる。

また、613の戒律の595番目には「牛を使って畑を耕しているときには、その牛に鼻輪を付けたままにしてはいけない。鼻輪は外さなくてならない」という規定もある。これは牛に力仕事をさせているときには鼻輪を外して息苦しくないようにし、しかも鼻輪の苦痛から解放させなくてはならないとする動物愛護の規定だが、同時に、牛に良い仕事をさせるためでもある。

正真正銘未婚のバージンの女性と結婚したのに、相手の夫が「バージンじゃない」などという虚偽の申立てを広めた場合には、同人は刑事罰に処せられるのみならず、その女性と離婚することも許されない。その女性と一生添い遂げなければならず、放っておくことも許されない。

（613の戒律の552番目、デュートロノミー第22章第19節）

要するに、女性の名誉を侮辱し、女性の父母、つまり女性の家庭の名誉を侮辱したことになる。そのような男は刑事罰に処せられるのみならず、相手の女性と離婚することも許されない。虚偽の非難中傷、特にバージンに関する非難中傷は重大な罪とされている。さて、このユダヤの戒律は何を求めているのか？　女性、母性に対する尊厳である。女性特有のことに関わる男性からの誹謗中傷、圧力、暴力を許さない、というものだ。今で言うセクハラの禁止である。

男尊女卑は、経済の発展の害となる。女性が男性から尊重され大切にされる社会が経済発展する。そのためには、厳罰をもって女性に対する男性のハラスメントを封じなくてはならない、とするのがこの戒律である。

イスラエルでは女性も兵役に行く。銃を持って前線に立つ。しかし、事業、政治、大学の世界ではまだまだ女性の進出が遅れている。育児に追われるからだ。

ヘブライ聖書の時代から5000年が経過するが、女性が完全に解放されている社会は世界では圧倒的に少数なのだ。北欧諸国が経済的に豊かなのは女性を完全に解放しているからである。

強姦した男はその被害者の女性と結婚しなければならない。

（613の戒律の555番目、デュートロノミー第22章第29節）

無論、結婚しなければならないというのは権利ではなく義務であるから、相手の女性が「強姦した相手と結婚するなどとんでもない」と主張するときにはこの義務は適用されない。

また、既婚の女性を強姦した場合にはこの義務は適用されない。適用されるのはあくまでも未婚の女性を強姦した場合である。しかし、既婚の女性を強姦した場合でもこの規定が準用され厳罰に処されることは言うまでもない。

そして、そのような強姦男は強姦をした女性を一生扶養しなければならないとされている。この戒律の意味するところは、男側に一生、その女性の生活の面倒をみられる額の損害賠償をしろという意味である。

この一生の養育費相当額の損害賠償額は生半可な額ではない。恐らく今の日本の金銭換算でいくと1億円、2億円という金額になる可能性がある。これには一生分の養育費、扶養費、介護保険手当等々、全てが含まれる。無論、医療費も含まれるから恐ろしい金額になる。

ここで言わんとしていることは、男の女性に対する性的暴力を厳罰に処するという思想である。

アメリカの強姦罪に対する刑は日本より重い。それでも強姦がなくならない。しかし、アメリカ経済が女性の力で支えられている比率は日本のそれより高いと言って良い。北欧では女性の力が経済を支える比率はもっと高い。

不倫の間の男女に生まれた子供を、ユダヤ人は結婚対象としてはいけない。

（613の戒律の559番目、デュートロノミー第23章第3節）

ここで不倫の間というのは、本書の102〜103ページで述べた男と女が関係を持ってはいけない場合であり、（これはかなり詳しくたくさん書かれているが）そのような場合で子供が生まれることがある。その子供にとっては何の罪もないのであるが、ユダヤ人はそのような子供と結婚することは許されないというのが、この戒律である。

この戒律の趣旨とするところは不倫関係を抑止すると同時に、ユダヤが不倫と考える男女関係は通常、医学的に遺伝上の問題がある男女間、例えばきょうだいの間の不倫であり、生まれた子供は、遺伝的な問題を抱えることが多いからである。

無論、現代においてはこのような戒律の強制力はあってはならないであろうが、宗教戒律としては意味のあるところである。

イスラエルに逃れてきた奴隷をその本国に強制送還してはならない。

（613の戒律の567番目、デュートロノミー第23章第16節）

ここで言わんとしていることは、難民、特にこの古代のユダヤ国の時代の難民というのは、奴隷の身分を逃れてユダヤ国に逃れてきた者を例示として挙げているが、一般的な難民も含まれる。そのような者を本国に強制送還してはならないというのが、この戒律である。

ユダヤ教では基本的に「避難民、難民あるいは奴隷の身分を脱出してきた者に対してはこれを迎え入れなくてはならない、追い返してはならない、強制送還してはならない」という宗教戒律がある。それはユダヤ人自身がエジプトにおいて奴隷であった、そしてユダヤ人自身がヨーロッパのあちこちの国から追い出され難民であった歴史を共有しているからである。

自分達が歴史的に難民であり奴隷であったが故に、難民及び奴隷に対しては、これを迎え入れなくてはならないという規定を置いているのは当然のことと言えよう。

イスラエルに逃れてきた難民を虐待してはならない。

（613の戒律の568番目、デュートロノミー第23章第16節）

前述の戒律に加えて、難民はこれを虐待してはならず、「ユダヤに逃れてきた女性の難民と性的関係を持ってはいけない」（613の戒律の569番目、デュートロノミー第23章第18節）とする。

言わんとするところは、難民を不当に扱ってはならないというものである。不当に扱ってはいけないというのは、フェンスを張って追い返したり、難民キャンプに閉じ込めたり、食料を十分に与えなかったり、あるいは性的な虐待、慰みものにするなどの扱いをすることがあってはならないということである。

経済的成功だけでは駄目、というのがユダヤの宗教戒律だ。国として経済成長するにつれ難民をより多く受け入れる国でなくてはならない、とする。経済的成功者の義務として難民の受け入れがある。

ユダヤ人はユダヤ人の同胞に金や物を貸すときには金利を取ってはならず、金利名目で金銭を徴収してもならない。

（613の戒律の571番目）

先にも述べた通り、ユダヤ人同士の間では金銭の貸し借りには金利は発生しない。金利名目で何かを取るということも許されない。ユダヤ人同士の間の金の貸し借りはあくまでも元本を返済するというだけの関係にしかならない。

これは金を借りる人は生活に困っている人であるか、あるいは生計のために金を借りる人、事業を始めるために起業資金として借りる人であるから、ユダヤ人同士の間では金利を取ることは禁止されている。生活扶助、起業支援の意味合いである。

このように宗教上の戒律として起業支援があるから、ユダヤ人にはスタートアップが多い。ユダヤの国イスラエルでは、兵役の後、テクニオン（イスラエル工科大学）などの大学に入り、卒業するとほとんどの生徒がスタートアップする。テクニオン大学も学生のスタートアップを積極的に後押しする。スタートアップ資金は、ユダヤ人同胞からすぐに集まる。

しかし、ユダヤ人は異教徒、特に偶像崇拝者に対しては逆に、できるだけ高い金利を取らなくてはならないとされている。この規定があるが故にユダヤ人の金融は内に向かっては生活扶助、相互扶助、起業支援、外に向かっては利益を求める国際金融ビジネスという二極分化していったのである。

戒律があった故にユダヤ金融は昔から国際化したのである。その証拠に、現代の国際金融ではゴールドマン・サックス、JPモルガン・チェース、HSBC、ロスチャイルドなどユダヤ人創業の世界的大銀行が多い。

支払うと約束したことは必ず支払わなくてはならない。

（613の戒律の573番目、デュートロノミーの第23章第24節）

金銭に関する約束事は絶対に守らなくてはならないとするものである。ユダヤでは口約束も守られるが、約束事を書面化する習慣がある。書面化された約束事は絶対である。ユダヤ人の商道徳は書面にある。書面化作業はユダヤ人の得意とするところである。

書面化するためには法律言語（基本的に英語）に通じていなければならない。そこでユダヤ人はヘブライ語以外にも英語は普通にできる人がほとんどだ。

口に出した約束事あるいは文書に書いた約束事は、必ずその通り実行しなければならない。

（613の戒律の574番目、デュートロノミー第23章24節）

実はこの戒律があるために、ユダヤ人はなかなか物事を約束しない。口約束でもなかなかしない。その代わり、ユダヤ人が口に出したり文書に書いたりして約束したことは、何がなんでも守られ、その通り実行される。

ユダヤ人のこの義務は自分に対する義務のみならず、人に対しても自分がそうであるから同様の対応を求める。

それが故に、ユダヤ人相手のビジネスはいったん契約が成立すると絶対に守られる確実なものとして受け取られているのである。ユダヤ人相手に約束を破ると徹底的な追及を受ける羽目になる。よく言われるが、ユダヤ人相手のビジネスは怖いと言われるのは、いい加減さがないからであろう。

農園主に雇われた農業労働者はその農園の未収穫の作物を食して良い。しかし、自分が食する以上に未収穫の農作物を家に持ち帰ってはならず、また、勤務時間中に食してはならない。

（613の戒律の575〜577番目、デュートロノミー第23章第25節、26節）

今でも欧米で食堂の従業員や食堂のシェフが休憩時間中、そこで提供される食べ物を無償で食べて良いという慣行があるのは、このようなユダヤの宗教戒律に由来しているのである。

しかし、この戒律の故に食堂の経営者は食材の管理によほど注意していないと、「従業員が食べた」と称してくすねられる恐れがある。食堂経営の難しいところだ。だからユダヤでは、食堂は家族経営のところが多い。家族だと安心だからだ。それに必ず経営者が店に常駐する。監視の目である。

ユダヤ人経営のレストランで国際化したものが少ないのは、この規定のせいである。

新婚の男、新しく新居を建てた者、新しく葡萄園を開墾した者はその年の1年間はコミュニティーからの義務及び兵役から解放され、その生活にかかりきりになることが認められる。

（613の戒律の580、581番目、デュートロノミー第24章第5節）

その生活にかかりきりになるということは、つまり、新婚生活を楽しみ、新築の家を楽しみ、そして新しく開墾した葡萄園を慈しむことが1年間は許されるというのである。その間はコミュニティーの義務及び兵役から免除されるというのである。これはさしずめ新婚休暇、新築休暇、農園開拓休暇というようなものと理解して良い。個人の生活を1年間だけは優先させることが認められるのである。

免除されるのは兵役とコミュニティーの義務である。しかし、勤務している者が仕事から免除されるということはない。

ユダヤでは結婚はケトーバ(Ketubah)という婚姻証書に男女が署名することが必要だとされている。同時に、離婚は口頭ではできず、必ず文書を相手方に交付することによって為されなくてはならない。

(613の戒律の578番目、デュートロノミー 第24章第1節)

ユダヤの経済的生活の単位が夫婦であるとされるのは、このような規定があるからである。

ユダヤ教は結婚を非常に大切な宗教上の行為とする。そのため、婚姻関係の始まりも終わりも文書が必要とされる。合意離婚であっても、一方的な破棄離婚であっても口頭では成立しないというのがユダヤ人の守るべき宗教上の戒律である。

この規定は現代の各国の結婚、離婚制度にも受け継がれており、日本でもどこでも婚姻届出、離婚届出というものに両者が署名して公的機関に提出することが要求されている。文書によって確実な婚姻、離婚意思の確認が必要とされるのは、このようなユダヤの宗教上の戒律が起源になっているのである。

しかも、その離婚文書は相手方に交付することが要求されるが、ユダヤの宗教法では交付をめぐって具体的にどういう状態が交付というのかの膨大な議論が為されている。単に文書を相手に投げつけるだけで良いのか、それとも郵便で送るだけで良いのか、郵便ポストに入れた場合はどうなのか。あるいは相手が受領を拒否したらどうなのか。また、その文書を渡そうとして喧嘩《けんか》になり文書が破れてしまった場合はどうなのか等々、多くの場合に分類して膨大な議論が為されている。

一度離婚した女性が再婚した場合には、前夫はその女性と復活婚をすることはできない。

（613の戒律の579番目、デュートロノミー第24章第4節）

すなわち、一度離婚し、その女性が別の男と結婚した場合には、前夫はその女性と再婚することはできない。この規定の意味するところは、生まれてくる子供が誰の子供か分からなくなる可能性があるからである。

ユダヤでは、経済的成功は「親→子→孫→曽孫」と継続されるのが原則であるから、親子関係の確定は非常に重要である。必ずしもDNAの問題ではない。親子の情が経済的成功の承継には必要であるからだ。

借金の担保に生活必需品は取ってはいけない。

（613の戒律の582番目、デュートロノミー 第24章第6節）

例えば生活必需品を質屋に持っていっても、質屋はそれを受け取ることは許されず、またユダヤ人同士のお金の貸し借りで生活必需品、例えば寝具や食器など食事の準備に必要なものは借金の担保としてこれを徴求《ちょうきゅう》し、取ることは許されていない。そのような物を借金の担保として取ることは行き過ぎた行為であり、不当な担保要求と見なされるのである。

もちろん、この規定はユダヤ人同士や同じ国に住む偶像崇拝者でない異教徒（例えばムスリム）にも適用される。異国の異教徒には適用されないから、ユダヤ人は、異国の異教徒からは生活必需品でも担保に取る。同胞もしくは同じ国に住む異教徒に対しては生活必需品を担保には取れない。

金を貸したからといって、担保を強要してはいけない。

（613の戒律の584番目、デュートロノミー 第24章第10節）

担保はあくまでも自主的に債務者から提供されるべきものであり、無理矢理これを要求するようなことをしてはいけないとされている。例えば強引に家のなかに入っていって、担保の品を持っていくとか、債務者を強迫して担保を要求するというような行為はしてはいけないとされている。無論、これも同胞もしくは同じ国に住む偶像崇拝者でない異教徒（例えばムスリム）のことである。異教徒、特に異国の偶像崇拝者に対しては、強迫はしないが担保は必ず強く要求することになる。

債務者が「必要だから返してほしい」と言った担保物は債務者にいったん返さなくてはいけない。

（613の戒律の586番目、デュートロノミー 第24章第13節）

例えば、ベッドなどの寝具で余っているものを担保として債務者が差し出した場合に、「孫が生まれたからベッドを返してほしい」と債務者が言ってきたときには、これを債権者は返さなくてはいけないとされている。

さらに、613の戒律の589番目には「金を貸すときに債務者が未亡人である場合には担保を要求してはいけない」（デュートロノミー 第24章第17節）と書かれている。ユダヤ社会では夫に先立たれた未亡人はその地域社会の金持ちが保護すべき社会的な弱者とみなし、担保なしで、無論、利息なしでお金を貸すことが必要だとされている。

ユダヤの男が結婚しても事業に冒険的であるのはこの規定の故である。コロンブス（Colombus、コロンブスはユダヤ人）のように、結婚していれば妻を未亡人にするかもしれない冒険的な事業に進出することが多いのは、この戒律があるために安心してその事業に取り組めるからである。

不正確な巻尺や物差しや秤は仮に使わないとしても、持っていてはいけない。

（613の戒律の600番目、デュートロノミー 第25章第13節）

不正確な巻尺や物差しや秤を持っていると、結局不正な商売をする誘惑に駆られてしまい、顧客を騙《だま》すことになりかねない。商売人はそのような誘惑に駆られてはいけないという意味である。ここで言う不正確な巻尺や物差しや秤というのはあくまでものの例えであり、商売人は顧客を騙す誘惑に駆られてはいけないというユダヤ教の戒律である。

正直なビジネスこそ経済的成功の基本であり、子孫に財産を残すためには正直なビジネスをしなくてはならない。正直なビジネスに徹しないと孫子の代までは財産を承継できない。

さて、以上でトーラー（Torah、ヘブライ聖書）に書かれているユダヤ人が守るべき613の戒律のうちユダヤ人が経済的な失敗をしないために示されていると思われるものを特に選んで解説した。次章ではいよいよ、ユダヤ人の倫理憲章「エシックス・オブ・ファザーズ」について述べていこう。

コラム　ロスチャイルド家の5本の矢の話をしよう

ロスチャイルド家は300年にわたって続く欧州のユダヤ財閥だが、その創成は18世紀に遡《さかのぼ》る。ロスチャイルド家の創業者には5人の息子がいた。ところが5人の息子を一ヶ所には集めなかった。敢えて各地に分散させたのである。5人の息子は父親の意向によって、フランクフルト、ウィーン、ロンドン、ナポリ、パリに分散させた。

フランクフルトはドイツ、ウィーンはオーストリア、ロンドンはイングランド、ナポリはイタリア、パリはフランスと考えてみると、ヨーロッパ全土に分散させたということになる。こうすることによって、どこかの国でユダヤに対する迫害があっても1人は生き残る、あるいは2人ぐらい生き残る。どこかの国で戦争があっても他は生き残る。こういうリスク分散の考え方である。これがユダヤの鉄則のリスク分散であるとされている。

毛利元就の3本の矢の話は、1本では折れるが3本まとめれば折れないから、兄弟で力を合わせよとある。ロスチャイルド家の5本の矢とはまったく逆の発想だ。3本束ねても、3本とも折れるくらいの大事件が起こったらどうするのかとは毛利家では考えない。

ユダヤ教では常にリスク分散を子供に教える。よくユダヤで引き合いに出されるリスク分散の子供教育の例がある。

子供に「鶏小屋に行って鶏の卵を取ってらっしゃい」と言う。子供は鶏小屋に行って両手にいっぱいの卵を抱えて台所に戻ってきた。母親は「どうして両手にいっぱいの卵を持って帰ってきたのか？」と聞く。子供は「だって一回で済むもん」と答える。そうするとユダヤの母親は「一回で済んでも、もし転んだら全部卵は駄目になるわよ。全部卵をダメにしないためにはどうすればいいの？」と子供に聞く。子供は次の朝、また同じ用事をおせつかって、今度は二度に分けて卵を運んできた。二度往復したのである。母親は子供を褒めて甘い飴を与える。

こうして小さいときからリスク分散を家庭教育で教えるのである。

さて、ロスチャイルド家を見てみると、欧州5ヵ国に分散させられた創業者の息子の5人のなかにはそれぞれの国の事情により滅んでいった者もある。現在はイギリス家とフランス家のみが存続しているが、その存続したイギリス家とフランス家は欧州髄一の金融資本家として存続しているのである。

ロスチャイルド家は投資銀行業務とプライベート・バンキング、トラスト業務を行っており、非公開会社の経営は3人の当主の無限責任で行われている。バロン・ディビッド・ロスチャイルド、バロン・エリック・ロスチャイルド、そしてフィリップ・ニコライの3名である。フィリップ・ニコライがフランスのロスチャイルド家であるが、彼はアメリカの南カリフォルニア大学（University of Southern California）で学位を取っている。またフランスのボルドーの5大ワインのうち、シャトー・ラフィットとシャトー・ムートンの2つを所有している。

なお、ロスチャイルド家は日本の関わりも深く、ロスチャイルド家が拠出した資金で、新橋―横浜間の鉄道建設が行われたことは有名な話である。

ロスチャイルド家の家訓はユダヤ教の戒律通り勤勉と正直である。ロスチャイルド家は今でも同族会社を貫いており、株式はまったく公開していない。公開すればマーケットという魔物に取り付かれるからだ。リーマンはユダヤ系でありながら、公開会社であるためマーケットという魔物に取り付かれ短期利益至上主義に走った。

第3章
富と豊かさをもたらすエシックス・オブ・ファザーズ

エシックス・オブ・ファザーズはヘブライ語でピルケイ・アボット（Pirkei Avot）と言われ、ユダヤ人の倫理憲章と言えるものである。

ユダヤ人にとって倫理憲章とは何か？　前述の613の戒律《かいりつ》はとにかく守ることが要求されるユダヤ人の作為義務及び禁止義務であるのに対し、ピルケイ・アボットはいわば〝倫理的な生活の知恵〟と言えるところである。

別にその通りにしなければ義務を怠ったとして宗教戒律違反になるわけでもなく、宗教上処罰されるわけでもない。しかし、そうしたほうが経済的に成功しやすいし、経済的により充実するというものである。

その意味において613の戒律よりもエシックス・オブ・ファザーズのほうがむしろ、より生活の知恵〝ウィズダム（wisdom）〟に近いものであり、経済的成功のためにはAとB両方のオプションがあるけれどもAのオプションを実行したほうが良い、あるいは成功しやすいと言われるもののウィズダムを集めたものと言っても良い。ウィズダムとは〝失敗しないための知恵〟と訳しておこう。

ユダヤ人は毎夏、年間催事のなかでも最大のもののひとつ、パスオーバーからロシュ・ハシャナ（Rosh Hashanah）の祭日（ユダヤ人の新年）の間の毎週土曜日（すなわち安息日）に、必ずこのエシックス・オブ・ファザーズを読むことになっている*註。それぐらいよく知られた倫理憲章なのである。

では、613の戒律とエシックス・オブ・ファザーズがどう違うかと言えば、こういうことである。

例えば613の戒律のひとつ、レビキタスの19章18節には「隣人を自分のことのように愛せよ」と書かれているが、隣人を我がことのように愛するというのは一体どういうことか、具体的に何をどうすれば良いのかということは戒律を読んだだけでは分からない、書かれてもいない。

ところがヒレルという有名なヘブライ学者がこれを、「自分にしてもらいたくないことは人に対してするな」と倫理憲章、行動指針に分かりやすく書き変えている。エシックス・オブ・ファザーズは、こういう具体的な〝行動指針〟を書いたものと理解して間違いない。

それではエシックス・オブ・ファザーズの章別に、日本人が興味があると思われる経済生活、金銭的自立、事業の成功、家庭の平和など経済的市民生活に関係のあるものを順番に述べていこう。

＊註　今から１０００年ほど前の10世紀には、このエシックス・オブ・ファザーズを読む期間は少し違っていて、パスオーバーからシャブオット（Shavuot）の祭日（シナイ山でユダヤ人が神からトーラー〔Torah、ヘブライ聖書〕を授かった日）までの間とされていた。つまり今よりも少し長かったのである。

この世界は3つのものの上に成り立っている。ひとつはトーラー（Torah）であるモーゼ五書、もうひとつは神に対する帰依、そして3番目、これが一番重要なのであるが、人に対して親切であるということである。

（第１章第２節）

倫理・道徳教育、さらにそれによって育まれる社会の一体感――。どこの社会でも、それを子供に教える方法に苦労する。その点、ユダヤの場合は、トーラーを何度も読み返す。そうすることで倫理教育が行われ、共通の文化的な知識も得られる。それで社会の一体感も確保できる。

無論、ユダヤ人は無批判に、トーラーの内容を受け入れるのではない。疑問に思ったことを親や教師が、読んで聞かせる子供とともに議論し、批判的に読む。ユダヤ人にとっては聖書さえもあたりまえのものではなく、議論の対象になるのだ。

ユダヤ人が国を失ってから2000年以上にわたり、離散しても滅びなかった大きな理由のひとつに、このトーラーによる教育で倫理・道徳教育が行われ、民族の絆《きずな》を確認してきたことが挙げられる。

一方、今や日本の倫理・道徳は崩れ、教育現場がおかしくなっている。教育を要因とした様々な問題が社会のなかで噴出している。教育の力の劣化によって、教育現場にしわ寄せがくる悪循環が生じ、日本の国力も急速に衰えつつある。

人に対して何かをするときには対価(見返り)を求めてやるということではいけない。むしろ対価を求めないで行うというものでなくてはならない。

（第1章第3節）

ユダヤ教では「何かを失わなければ何かを得られない」ということを常に子供達に教えている。お金を借りたら返済しなくてはならない、株式を発行して払込金を受け取ると配当を支払わなくてならない、つまり、何かを失わなければ何かを得られない。これが世の中の基本でありビジネスの基本であることを子供達は自然に体得していく。

さて、ユダヤではこのビジネスの基本、世の中の基本を、次のような小話で子供達に教えている。

あるところに仲良しの3人兄弟が住んでいた。その兄弟がそれぞれ成人に達したので、10年間各地で修業をすることにした。ひとりは東に、ひとりは西に、ひとりは南に旅立った。

兄弟達は旅立ちの前に誓い合った。「10年後またこの家で会おう。そして、それぞれその10年間に自分が見つけた最も不思議なものを持ってくることにしよう」。

一番上の兄は東に行き、ある旅人から世界の隅々まで見える不思議なガラスのコップを買った。このコップから世の中を見渡すと、本当に世界の隅々まで見えるのである。長兄は世界でこれこそ最も不思議なものに違いない。他の兄弟達がどんなものを持ってくるか分からないが、これこそ最も不思議なものだと思い、そのガラスのコップを買った。

2番目の兄は西に行った。そしてある町で絨毯《じゅうたん》売りに会った。その絨毯売りにいくらかと聞くと、不思議なことにその絨毯がモソモソと勝手に動き出した。２番目の兄は大変驚いて、「何だ、この絨毯の下にネズミでもいるのではないか」。

すると絨毯売りは「とんでもない、この絨毯は生き物です。空高く飛んでいくことができるのです。これに乗ってどこまでも、鳥よりも速く飛んでいくことができます。今お買いにならないとすぐ売れてしまいますよ」と言った。

そこで二番目の兄は、間違いなくこれこそ最も不思議なものに違いないと思い、大金をはたいてその絨毯を買った。

一番下の弟は南に行った。どんどん南に行くと不思議な森に出くわした。その森のなかをどんどん入っていくと、１本の不思議なザクロの木が立っていた。何が不思議かと言うと、そのザクロの木はザクロの花がいっぱい付いているのに実はひとつしかなっていない。しかもそのザクロは真っ赤に熟れているのに、その熟れた実はひとつしかない。

不思議に思い、ザクロの実を取ろうと手を出すと、手のひらの上にポタッと落ちてきた。すると不思議なことが起こった。咲いていた花のひとつが急に真っ赤な熟れたザクロの実に変わったのである。

「うん、これこそ最も不思議なものだ。この木を持って帰ろう」と思った途端に、なんとザクロの木はパッと消えてなくなってしまった。ハッと思って手のなかを見ると、ザクロの実は残っている。一番下の弟は、このザクロの実こそ最も世の中で不思議なものだと思い、10年後の再会を誓った場所に戻って来た。

3人の兄弟はそれぞれ持って帰ってきたものを互いに見せ合った。

国の隅々まで見渡せるガラスのコップで見ると、なんとある国のお姫様が重病でベッドに寝ている姿が映った。側で王様が嘆《なげ》いている。「誰か治してくれる者はいないか、早く治してくれる者はいないか。どんな医者を頼んでもこの娘は回復しない。早くしないと死んでしまう」と嘆いている。

これを聞いた3兄弟は急いでいこうと、魔法の絨毯に乗ってお姫様のもとに飛んでいった。そして一番下の弟が、多分このザクロの実を食べればお姫様はよくなるに違いないと思い、そのザクロを半分に割りお姫様に差し出した。

一口、二口、お姫様が食べると顔に精気が戻り、それまで歩くこともできなかったお姫様は力強く立ち上がることができた。

王様は感激し、「お前達3兄弟のお陰で姫が重病から回復した。この3兄弟の誰でも姫と結婚して良い。3人で話し合って誰が結婚するか決めなさい」と言ったところ、姫が「私に質問させてください」と割って入った。まず一番上の兄に、

姫:「貴方は、世界の隅々が見渡せるガラスのコップで私の重病を発見し

てくださいました。その望遠鏡のようなガラスのコップは今でも元のままですか？」
一番上の兄：「はい。まったく元のままです」
姫：「二番目のお兄さま、貴方は魔法の絨毯に乗って私のところにいち速く駆けつけてくれましたが、その絨毯は今でも空を飛べますか？」
二番目の兄：「はい、まったく元のままで何も傷ついていませんし、空を飛べます」
姫：「さて3番目の弟、貴方は私のところに駆けつけてくれて、何かそのザクロの実が以前と違いますか？」
一番下の弟：「はい、お姫様に半分差し上げましたので、今は半分しかありません」
そこで姫は大きな声で、「私は、この3番目の弟と結婚します。彼は私のために大切なザクロを半分失ったのですから」。

この話はユダヤの母親が家庭で子供にする。ただし、途中までしか話をしない。母親は子供に向かって、「さて、3人の兄弟のうち、誰が姫をめとるでしょうか」と言って話を止める。あとは子供の答えを待つ。その答えに対して必ず「なぜ？」と聞く。こうしてユダヤ式教育が始まるのである。

このストーリーを現代ビジネスに当てはめると、株式投資を戒《いまし》めているとも言える。株式投資はまさに国の隅々まで見える望遠鏡、ないしはいち速く飛べる魔法の絨毯である。自分は何も失わず人の知らないことを知っているからと、特別の株情報に基づいて儲けようとする。人よりも早く情報を知ったことに基づいて儲けようとする。自分は何も失わない。村上ファンドなどがそうであった。サブプライムの問題も人の金でレバレッジをかけ（つまり、借入）、証券化して細分化して世界中に売りまくった。自分は何も失わないで大儲けをしようとするInvestment Bankの強欲は、一番上の兄か二番目の兄である。

しかし、ザクロの半分を分け与える行為は、まず自分が何かを失うことを要求している。この意味において、株式投資とはまったく逆の概念をこのストーリーは教えている。株式投資は元手（購入金額）を失わないで儲けようとする行為だからだ。料理見習人として10年間無給で皿洗い修業をして料理の技法を身に付けるとか、自分の有り金、手金をはたいて事業を始めるとか、自分の家屋敷を担保に入れ銀行から借り入れて事業を始めるとかがこのザクロの実の例えに近い。

最近では手金をまったく使わずに全部ベンチャー・キャピタルなどからの出資で事業を始める起業家も多いが、それでは、このザクロの実を半分失った一番下の弟とはならない。何かを失わなければ何も得られない。これがユダヤと金に関する教えのひとつである。

自分の家を賢者が集まる場所にしなければいけない。賢者が来たときにその足に付いている土埃を払い除《の》け、そして賢者の言葉を喉が渇いているときに水を飲むように吸収しなくてはならない。

（第1章第4節）

この言葉の言わんとしているところは、常に賢者の意見を吸収するようにし、また賢者がどんどんと自分に意見を言ってくれるようにしておかなくてはならない、というものである。

賢者の意見を吸収するというよりも、重要なことは、賢者が寄って来てくれるような、人がアドバイスしたくなるような状況に自分を置いておかなくてはならない、ということだ。

私の知っている財界で成功した人々は、皆よく色々な勉強会に参加している。賢者とは、勉強会の講師のことだ。成功した人々は、勉強会によく参加し、よくメモを取り、よく質問もする。

「どのような人間を賢人と言うか。誰からでも学ぼうとする者を賢人と言う。誰からでも何らかの学びを得る者が成長するのだ」（第4章第1節）。

自分の家はできるだけ広く人に開放しなければならないし、特に近隣の貧しい人に対しては庇《ひさし》を貸したり、雨宿りをさせたり、食べ物を与えたりしなければならない。だからといって、外から入って来る女性とあまりにも親しく会話をしてはいけない。女性に対しては特に注意しないとトーラーの勉強がおろそかになり、自分自身の道を誤ることになる。

（第1章第5節）

これは男性の身の処し方について言っている。貧しい人に対しては施しをし、親切にしなければならないが、かと言って女性の貧しい人に対してはあまり親しげに会話をしてはいけない。道を誤ることになるというのである。

経済的に成功し、経済的に安定するためには、男は妻以外の女性に対しては親しくしてはいけない、ということだ。

自分に関係する人間の全てについて、その人間の良い面だけを見てその人間を判断しろ。

（第1章第6節）

全ての人間には良い面と悪い面があるから、悪い面を見て人間を判断すると全ての人間を遠ざける結果になりかねない。そうすると仕事もビジネスも、そして何よりも結婚がうまくいかない。

悪い隣人と親しげにしてはいけない。悪い隣人とは距離を置かなくてはならない。
悪い人間に媚《こ》びへつらってはいけない。悪い人間に何かを求めてはいけない。
神の審判などはあり得ないなどと思ってはいけない。

（第1章第7節）

第1章第4節にあるように、できるだけ賢者を家に迎え入れるようにしなければいけないが、逆にタチの悪い人間、悪者、よからぬ人間は家に迎え入れても近づいても、ビジネスをしても取引をしてもいけないということである。

誰が悪人で誰が賢者か、ユダヤ人が経済的に成功するには、まずこの判断ができることが重要だ。日本なら、さしずめ暴力団関係者は「悪人」となろう。暴力団関係者と会合したり食事したりしてもいけない。食事ぐらいはいいだろう、というその判断が、そもそも第1章第7節に違反していることになる。

自分の仕事を楽しいと思って好きになるほど愛さなければならない。しかし他の人間を支配しようとすることには嫌悪感を持たなければいけない。そして一番重要なことは、権力者とあまり親しくしないことだ。

（第1章第10節）

ユダヤでは仕事に打ち込むことは一番素晴らしいことだとされているが、組織のなかで人を統率したり支配したりすることを好きになってはいけないとしている。それはポリティシャン（政治家）のやることだ。ユダヤ人はポリティシャンを嫌う。そして「決して政府の役人と親しくして政府の中枢にいる人間に近づこうなどとしてはいけない」としている。政府の人間や政治家に近づくと必ず汚職や収賄《しゅうわい》に巻き込まれ、権力者を利用してビジネスを拡大しようとすれば、政争に巻き込まれる恐れもある。ビジネスの成功のためには政治家や役人から距離を置くことだ。

学者はその言葉に特に注意しなければいけない。

（第1章第11節）

学問をする者は学者というだけで人から尊敬されることが多いから、自分が発する言葉には特に注意しないと、その言葉を聞く者達を誤った方向に導いてしまうことになる。学者はマスコミに登場することが多く、意見を言ったりコメントを求められたりする。場合によっては学者というよりもタレントに近いほどマスメディアに出ている学者もいる。また政府や政治家に擦り寄る学者も多い。そういう学者に注意を与えているのだ。

自分の名前を広めることばかりに熱心な者は最終的には
自分の名前が地に落ちるのを見ることになる。
成長しようと努力しない者は地に落ちることになる。
勉強をしない者は死に値する。モーゼ五書の勉強を自分の
利益のためにする者は滅びる。

（第1章 第13節）

さて、最近では、アメリカにトランプという者がいるようだが、〝自分の名前を広めることばかりに熱心な者〟ということになり、地に落ちることになるか、どうか。

もし自分が自分自身のために存在していないとするならば、
一体自分は誰のためにあるのか？
そしてもし自分が自分自身のためだけにあるというならば、
一体私は誰であろうか？
そして今でなければ一体いつなのか？

（第1章第14節）

この第14節は西洋社会ではよく政治家や企業経営者の演説、その他の指導者の演説に引用される非常に有名な一節である。

レーガン元大統領の有名なレーガノミクスの演説でも引用された。そこで英文のままここに書いておくと、

「If I am not for myself, who is for me? And if I am only for myself, what am I? And if not now, when?」

かなり抽象的な言い回しだが、言っていることは非常に分かりやすい。

まず自分の存在について、自分が自分であるが故に自分がここに存在しているという自己肯定的な意味合いを自分で持たないならば、何のためにこの世にいるのか？　まずは自分の存在意義があることを十分認識しなければならないというのが、「If I am not for myself, who is for me?」ということである。

そして次の「And if I am only for myself, what am I?」というのは、もし自分が自分のためだけにここにいるというならば、一体私は誰なのかというのである。つまり利己の自己目的のためだけにこの世に存在しているというならば、一体自分は誰なのか、それではいけないだろう、自分がこの世にあるのは自分のためだけではない、というのである。

そして、「And if not now, when?」。あらゆる物事には時があるが、それが今でないというなら一体いつなのか？　今この瞬間にやり出さなければいつまで経ってもチャンスは訪れない。

まずは自分を肯定しなくてはいけない。しかし自分を肯定するあまり、自分が人のために役に立とうとしないようになってしまってはいけない。

そして物事には何をするにも潮時ということがあるということを思うあまり、チャンスを逃すことがあってはならない。いつも決断と実行を先送りすることがあってはならない、というものである。

モーゼ五書の勉強を一生の柱に据えなくてはならない。言うは少なく行うは多く、そして接する人間には微笑みを持って。

（第1章第15節）


ここで言っているのはユダヤ教の原則である行動主義である。言葉に出しているのにその通り行動しないのが一番いけないとされている。言葉に出さないが行動するのは非常に良い。だから、言葉少なく行動は多く、というのがユダヤ教の原則である。

そして、言葉を少なくする方法は常に微笑《ほほえ》みを意識していれば良いとされる。そうすれば言葉は少なくとも行動できる。微笑みはまわりの人間を動かし自分も動きやすくなる。特に自分が動きやすくなるのが微笑みの最大の効果だ。

狭い道路で道を立ちふさがれるようなときは、にこっとすれば相手が道をよけてくれる。「狭い道」というのはユダヤでよく使う比喩で「人生」ということだ。

沈黙ほど身体に良いことはない。重要なことは勉強もそうだが、実行することである。そして喋り過ぎる奴は罪深い。

（第1章第17節）

ここでもユダヤの行動主義を謳っている。とにかくユダヤ教は行動することを求める宗教である。当然何よりも重要なことは日々トーラーの勉強を欠かさないことである。喋《しゃべ》ることはユダヤ教ではあまり好まれない。喋り過ぎることはもっと好まれない。雄弁であることより実行することのほうが結局は経済的に成功を導くからである。

口は災いの元というのは日本だけのことではない。ユダヤ教は特にそう思っている。ユダヤでは黙って行動する人がほとんどだ。ユダヤから他国を見ていると「大多数の喋らない人々」と見えるのは、私だけであろうか？いが行動もしない人々と、少数の喋り過ぎるが行動もしない人々のみの集団」と見えるのは、私だけであろうか？

どちらの判断を取るべきか、AかBか迷ったときの決断の方法は、それがまず自分にとってどちらがしっくりくるかという自分にとってどうかという観点から判断することだ。しかし、それだけで判断してはいけない。人としてより正しい道はどちらかということで最終的には決めなくてはいけない。

（第2章第1節）

つまり、ここで言っていることは自分の利益、所属する団体や会社の利益ではなく、もっと大きな、人としてどちらが正しいか、神の目から見てどちらが正しいかという大きな観点から決めなくてはならないということである。

例えば、会社ぐるみで粉飾決算をやっていることを知った社員の取るべき道の判断基準である。

ユダヤでは、組織の利益より神の道である。組織が神の道（神的正義）に反していれば、組織に従ってはいけない、とされている。

一般の人々は、まず自分の所属する組織の利益を最優先する人が多い。出世のためにそうするのだろう。自分には家族がいる、と考えてそうするのだろう。次に優先するのが世間（社会）の目だ。世間からどう見られるか、を考えてしまう。

しかし、全員がそんな人々ばかりだとすると、組織の利益や世間の目が神の正義と違うときには〝神の道〟に全員が反してしまうことになる。

物事を為すときには次の3つのことに注意しなくてはいけない。それらはすなわちお前の上にあるということだ。ひとつは誰かがお前を見ている、2つは誰かがお前の話を聞いている、3つはお前の行動は全て記録される、ということだ。

（第2章第1節）

自分の行動は全て神が記録しているというユダヤの教義は、ユダヤ人が人の見ていないところでもどう行動するべきかを決める大きな行動指針だ。

いわゆる、お天道様《てんとさま》が見ているというやつだが、全てが記録されているというのはもっと厳しい。お天道様が見ていないときにも記録されているからだ。日本でいう「世間」と「お天道様」とは、かなり違う。

「世間」は「人々の目」という意味だから、人々の目の届かないところで悪いことに手を出してしまう。それでも「お天道様」は見ているが、「お天道様」は審判まではしてこない。ユダヤでいう「全て神が記録している」というのは、神の最終審判で記録が全て証拠として判断される、神の審判が下るというのだから恐ろしい。

人々は組織→世間（社会）→お天道様→神と考える順序があるようだ。「神」の道まではなかなか考えがいかない。しかしユダヤ人はそこまで考えがいくのだ。

トーラーの勉強は欠かしてはならない。しかしトーラーの勉強は仕事と両立する形で為すのが一番だ。仕事を放り出してトーラーの勉強をすることは長続きもしないし、結局は独善に陥る。

（第2章第2節）

トーラー（モーゼ五書）の勉強をしないユダヤ人というのは考えられない。ユダヤ人はモーゼ五書の勉強をすることがその存在の基本であり、生活の基本である。

なぜなら、そこに人生の全てがあり、経済的成功の秘訣が書かれている。そして何よりもトーラーに神の言葉が書かれている。

しかし、モーゼ五書の勉強ばかりをしていたら、生活の糧を得ることもできなければ、家族を養うこともできないし、ましてコミュニティー活動もできないし、コミュニティーに役立つ寄附をすることもできない。

問題は仕事とトーラーの勉強のバランスである。どれだけトーラーの勉強に時間を割《さ》くか、精神を集中させるか、ここがユダヤ人にとって難しいところである。日本ではワーク・ライフ・バランスと言うが、ユダヤではワーク・トーラースタディ・バランスが常に大切だ。トーラーこそライフであるからだ。

ユダヤ人にとってトーラー以外のライフはない。ライフはトーラーそのものだからだ。

（第2章第2節）

同胞ユダヤ人のために奉仕活動をすれば神の祝福を受ける。

ユダヤ人はユダヤコミュニティーのために奉仕活動をすることが義務である。この場合の奉仕活動というのは、自分の時間を割いて無償でユダヤ同胞《どうほう》のために活動をすることである。その活動の種類は問われない。

その他にユダヤ人はユダヤ同胞のために寄附をすることが求められている。寄附と奉仕活動、これが回りまわってその人の経済的な安定と成功に繋がる。

お金を稼いでいるくせにユダヤ同胞のために何の奉仕活動もせず、何の寄附もしない。それでは一時はお金が儲かっても結局は大きなしっぺ返しを受けることになる。

アメリカでも、成功すればするほど社会貢献の寄附をするユダヤ人が多い。グーグルやフェイスブックの創業者などはその例である。毎年多額の寄附を学校、大学、病院などにしている。


グーグルの2人の創業者のチャリティー活動の話を紹介しよう。

秦《しん》の始皇帝は不老長寿を求めて、その勢力の及ぶ中国大陸のみならず、ヨーロッパにまで色々な文献情報を集めさせた。紀元前3世紀のことである。それと同じ試みがグーグルによって始められた。Calico Project と言う。取り組む課題は不老長寿そのものである。

秦の始皇帝が世界中から不老長寿の情報を集めさせたと同じように、グーグルは自社の持つ膨大な検索エンジン情報のなかから不老長寿に関するものを一点に集中してまとめ上げるという。最終的にはゲノムのデータ（Genomic Data）、つまりDNA Information と不老長寿及び病気治療のデータ等を世界中から集め、ゲノムと医学と不老長寿を科学的観点から究明するという。

このCalico Projectでは敵対関係にあるはずのグーグルとアップルが協力している。Calico ProjectのCEOはアーサー・レビンソン（Arthur Levinson）。彼はアップルの取締役会会長（Chairman）である。無論、グーグルの共同創始者（Co-Founder）であるラリー・ペイジもCalicoの実質的な創業者である。

ラリー・ペイジ自身、声が出なくなるという病気を患っている。もうひとりの共同創始者セルゲイ・ブリンも自身の遺伝子解析により50％以上の確率で将来パーキンソン病になるということを知っているのである。こういうこともあって、2人ともこのプロジェクトには実に積極的に情熱を注いでいるという。実際、セルゲイ・ブリンは患者のDNA解析の研究のために今まで132億円の自己資金を寄附している。

このように、いかに自分が社会に対して与えることができるか、ユダヤ人ならばCongregation、すなわち自分の所属するシナゴーグ（ユダヤ教の教会）に対してどれほどの拠出をすることができるか、あるいはアメリカに住むユダヤ人ならばイスラエルに対してどれほど貢献できるか、これは非常にユダヤ人にとり重要なことである。

ユダヤの戒律では、自分が金を稼ぐようになれば、その収入の10分の1は自分のシナゴーグへの寄附、そして自分の住む町のユダヤ人への寄附、その次はイスラエルへの寄附に充てなければならないと言われている。

この社会還元、寄附ということについて、日本では地震、津波、大災害等の被害が発生したときには多くの善意の寄附が集まるが、そういうことがない限りは経常的に毎年収入の10分の1を社会還元として寄附する企業も個人も少ない。

権力者や政治家、政府には注意せよ。彼らが近寄ってくるときは何かの裏がある。彼らが近寄ってくるときは彼らのためになるだけだからだ。しかし一朝事があると彼らは手のひらを返す。

（第2章第3節）

これはユダヤ人の経済的成功と経済的安定にとって非常に重要な倫理憲章となっている。なぜユダヤ人のこういう考え方が出てきたのか。それは歴史に関係がある。

ローマ帝国のジュリアス・シーザー（Julius Caesar）の下でユダヤ人は宗教上の自由を保障された。ところがそれから50年もしない間にローマはユダヤ人に戦争を仕掛けてきた。そして、エルサレムにあるユダヤの神殿はローマ軍により破壊されたのである。

またユダヤ人の預言者ダニエル（Daniel）はペルシャ王ダリウス（Darius）に重用されたが、ある日突然ライオンの巣穴に放り込まれて危うく殺されそうになった。

同じく、スペインはユダヤ人の金融ノウハウによって大帝国を形成した。スペイン王フェルナンド（Fernando）の財務大臣はユダヤ人のドン・アイザック・アブラバネル（Don Isaac Abrabanel）であったが、これを追放し、１４９２年には全てのユダヤ人の財産を没収し、ユダヤ人全員をスペインから追い出している。

またポーランドでもユダヤ人の職人達がポーランドの工業生産の大半を担っていたが、ポーランド王はコサックが攻め込んできたときに、そのユダヤ人達全員を身代わりの人質に差し出した。

このように、あまりにも権力者に擦り寄ったものは結局、仲間のユダヤ人の支持を失い、破滅するということが歴史上繰り返されている。

ユダヤにはこんな小話がある。

キツネもロバも百獣の王、支配者であるライオンを非常に恐れていた。そこでキツネとロバが約束を結んだ。お互いに助け合ってライオンから逃れようというものである。

ある日すぐに臭いを察知したキツネはライオンが近づいてくると分かった。ずる賢いキツネはライオンに忍び寄りライオンにこう囁《ささや》いた。

「私の命だけは助けてください。その代わりロバが簡単に捕まるようにしますから」

ライオンとの約束を取り付けたキツネはロバをうまく騙《だま》して落とし穴に陥れた。ロバがどうもがいてもその穴から出られないことを見届けると、キツネはライオンのところにそのことを報告に行ったが、途端にライオンに食べられてしまった。そしてライオンは穴のなかに落ちているロバをゆっくりと食べてしまった。

この話もまた、権力者に擦り寄ることの危険性をユダヤ人に教えているのである。

同胞コミュニティーから離れてはいけない。

同胞コミュニティーをないがしろにしてはいけない。

同胞コミュニティーから見放されてはいけない。

自分が死ぬ日まで自分ひとりでなんでもできるなどと思いあがってはいけない。

相手の立場に立って、その相手を判断しろ。完全に理解していると思うこと以外決して口にしてはいけない。

１００％厳格な意味で、いかなる意味においても他人に聞かれてはまずいものでないというものでない限りは口にしてはいけない。


（第2章第4節）

ここで言っていることは、権力者に擦り寄ると同胞から見放される。それが一番危険だということである。経済的な成功のためには同胞から見放されては覚束《おぼつか》ない。

権力者に一時的に取り入って成功を収めたとしても、それは一時的なことであり、いずれは権力者に足をすくわれる。そのときに同胞は誰も助けてくれない。

経済的に成功するために重要なことは権力者に擦り寄らず、常に同胞から見放されないようにすることだ。

では、同胞から見放されないようにするためには、決してなんでもかんでも「ひとりでやる自信がある」などということを口走ってもいけないし、そう思ってもいけない。人の助けがなければ何もできない。それを身に染みて念じておくことだ。

そして他人のことを判断するときには、常に相手の立場に立って判断しなければいけない。そうしなれば同胞から見放される。

喋るときも絶対に人に聞かれてはまずいものでないという自信がない限りは口にしてはいけない。

完全に自分が正しいと思っていることでないものを口にした場合には同胞から見放される。

「世の中には色々な王冠があり、頭飾りがある。トーラーの勉強をしてラバイ（ユダヤ教の宗教的指導者）になったというラバイの頭飾り、そしてその地域を支配する王の頭飾り、しかしこの2つの頭飾りに優るものが信用という頭飾りである」

ユダヤ人が経済的に成功するためには〝仲間から信用されること〞、結局これに尽きる。

「心配事がなくなったらトーラーの勉強をする」などと口走ってはいけない。なぜならば心配事はなくなることはないからである。

（第2章第4節）

ここで言わんとしていることはユダヤ人の経済的成功のためにはトーラー（モーゼ五書）の勉強が不可欠である、ということだ。

従って言い訳をして勉強を先送りにすれば、経済的な成功も安定も成り立たないし、覚束ない。経済的成功を手に入れることはできない、ということである。

ましてや「心配事がなくなれば勉強する」などという消極的な態度では話にならない。心配事があろうがなかろうがトーラーの勉強は毎日欠かしてはいけない、ということである。

トーラーの勉強。それが先である。トーラーの勉強さえしっかりすれば経済的な安定は向こうからやってくる。

粗野な人間は何をしでかすか分からない。無知な人間は偽善者である。恥ずかしがり屋は物事を学べない。短気な人間は人に教えることはできない。事業がどんどん成功する者は賢くない。まわりがこういう人間ばかりなら自分はそうならないように努めよ。

（第2章第5節）

これは非常に皮肉な言い方であるが、真実を突いている。粗野な人間は悪いことをすることを恐れない性格を内在しているから、一見して粗野だけれども善人だ、ということはまずない。粗野だけれど善人そうに見えるという場合は偽善である、見せかけである、ということを教えている。さしずめアメリカという国のトランプはこれに該当する。

まったく勉強せず、無知でも信心深い人間がいるなどということはあり得ない。信心深い人間、敬虔《けいけん》な人間はいずれも勉強好きである。勉強好きな人間は信心深い人が多い。「無知だけれども善人だ」ということはあまりない。無知な人は悪人であることが多い。

恥ずかしがり屋で内気な人間は、人に何も質問することができないから学ぶことがない。物事を学ぶためには質問し、人から教えてもらうことが必要だが、引っ込み思案の人間はそれができないから物事を学べない、という。

日本では「恥ずかしがり屋」はむしろ好かれるが、ユダヤでは学ぶことのない人物とみなされる。ユダヤには「舌の先に幸福がある」「舌の先に金《きん》がある」という格言があるが、議論をして理解を深めたり、質問をして物事を深く掘り下げたりすることによって、幸福が獲得できると考えている。

短気な人間は人に物事を教えることができない。従って、チームのリーダーにもなれない。チームのリーダーたる者は短気ではいけない。短気な人間に教師は務まらない。教授も務まらない。

あまりにも事業に大成功する人間というのは実は賢くはない。なぜなら、それはたまたま運が良く、たまたまチャンスに巡り合わせているだけだから、賢く、手堅く商売をしているとは言えない。少しだけ事業に成功しているところで留まることができるという人間が賢い人間だ。そして少しの成功を子供に引き継ぐ人間が最も賢い人間だ。

まわりがそういう人間ばかりならば自分はそういう人間にならないように注意しろということだ。

人を溺れさせようとした者は自分が溺れる。お前を溺れさせようとした者はそいつが溺れる。

（第2章第6節）

人のビジネスを不正に邪魔する者は自分がそういう目に遭うということである。

食料品や食物を溜め込む者は虫が湧《わ》くだけだ。
持ち物を増やす者は心配事を持ち込むだけだ。
女性をたくさんはべらせる者は魔女を呼び込むだけだ。
女性の使用人をたくさん使う者は混乱を招くだけだ。
男の使用人をたくさん使う者は盗賊を呼び込むだけだ。
これに対して、
トーラーの勉強をする者は命を呼び込む。
勉強する者は知恵を呼び込む。
賢者の意見を聞く者は理解を深める。

チャリティーを行う者は心の平穏を呼び込む。信用を築く者は生活の安定を招く。トーラーの言葉を守る者はメシアが訪れる世において命を蘇らせる。

（第2章第7節）

物質主義の欲望に走る者は精神的な安定を得ることはできない、ということである。あれも食べたい、これも食べたいと冷蔵庫にいっぱい物を詰め込んでも結局は虫が湧くだけだ。食欲という現実的な欲望に走る者は腐敗を招くだけだ。

あれも持ちたい、これも持ちたいと所有欲に駆られる者は心配事を増やすだけだ。精神的な安定を得られない。

成功したビジネスマンが多く女性をはべらせたりすると、結局は魔女を呼び込むだけだ。そして成功したビジネスマンがたくさんの女性の使用人を使えば、女性の使用人同士の間で喧嘩《けんか》が始まり混乱を招くだけだ。

金持ちがたくさん男の使用人を使えば、その者どもが主人の物を盗むようになる。場合によっては使用人に命まで狙われる、ということを具体的に教えている。

そしてトーラー（モーゼ五書）の勉強を通じて精神的な安定を求める者は本当の意味での

幸せ、つまりメシアが訪れるときに命が蘇《よみがえ》る幸せ（ユダヤ人にとって最高の幸福）を手にすることができるという。

まずユダヤ人にとって一番重要なことは物質欲、金銭欲ではなく、学問欲、モーゼ五書の勉強欲、そしてチャリティーであり、そして、なんと言っても、メシアが到来するときに本当の意味での命を獲得することである。

トーラーの勉強を思い切りしたからといって、何かを達成したとか、偉くなったとか、というものではない。自分自身がそこにあるのはトーラーのお陰であるからである。

（第2章第8節）

ここで言っていることは、トーラーの勉強というのは何かを得る目的、達成する目的でやっているのではない、ということだ。自分が自分であるが故の当然の結果としてトーラーの勉強をすることになる、ということである。

経済的に成功するためにトーラーの勉強をするというのは良くない。それでは経済的にも成功しない。まずトーラーの勉強だ。そうすれば経済的なことは結果として後から付いてくる。

一番いけないことは、経済的に成功することを目的としてトーラーの勉強をすることだ。トーラーはビジネススクールではない。トーラーはユダヤ人がユダヤ人である存在基盤だ。しかし、ビジネススクール以上のことを教えてくれる。

隣人に借りを作る人間は神から何かを引き出そうとするだけの人間だ。
金を借りて返さない人間は神に頼みごとをするだけの人間だ。
人に恵みを施す人間は善なる人だ。

（第2章第10節）

人に対して何かを与えないで、人から奪うだけ、お金も借りるだけで返済もしない、人から引き出すだけで人に与えることをしない、そういう人間は神から恵みと祝福だけを引き出そうとする悪しき人間である、ということだ。

必要なことは、借りたら返す、もらったら必ず与える。否、それよりも〝最初に与える〟人間が最も善なる人間だ。もらってから返すのでは駄目である。

あくまでも〝First give and then take.〟だ。まずGiveで、TakeはGiveの後だ。

〝Give first, and after that take.〟これが金持ちになる秘訣だ。まず施すことだ。まずチャリティーだ。まず寄附だ。まず社会奉仕だ。そしたら、良きことは後からついてくる。

他の人間が表彰されるような偉業を成し遂げたときには自分がやったかの如く喜べ。

そして何事にも怒りに身をまかせてはいけない。怒りの感情は身を滅ぼす。物事には怒ってはいけない。

そして常に自分の身を振り返って、懺悔《ざんげ》をしなくてはいけない。

賢人の言葉で自分の身を暖めなくてはならない。

常に賢人の言葉に耳を傾けよ。しかし、その賢人の言葉に身を焦がすようなことがあってはならない。

なぜなら賢人の言葉というのはキツネの一噛みであり、サソリの一刺しであり、賢人が人を諌《いさ》めるときには蛇が立てる

警戒音の如くであり、その言葉一つひとつは石炭の火の如く燃え盛る。

（第2章第10節）

ユダヤ人ほど同胞の成功を我がことのように思う人間はいない。自分に関係ないのに、「○○もユダヤ人だ」と成功者の名前を挙げて自分のことのように喜ぶ。

なぜユダヤ人は他人の成功を喜ぶのか。それは、自分も成功者も同じことをしていると信じているので、自分に同じ成功が着実に訪れると信じているからである。

「賢人の言葉で自分の身を暖めなくてはならない」というのは、頭の良い人の意見、学問を究めた人のアドバイス、学者の忠告というものは、ほどほどに受け入れておかなくてはいけない、ということだ。それらは時には過激すぎたり、鋭すぎたり、毒があったり、人が嫌がったりすることが多い、いや、少なくはないからである。

毎日の祈りは念入りに注意深く、そして集中して行わなくてはならない。日課をこなすようなルーティーンの感じで毎日の祈りを行ってはならない。

すぐ物事に腹を立ててはいけない。人に対して親切にすることはいくらしてもやり足りるということはない。

（第2章第13節）

実際問題としてこれだけを守っていても十分に経済的には豊かになる。立腹は経済的な損に繋がる。親切は必ず報われる。何事にも立腹せず人に親切にしていれば金持ちになる。もちろんトーラーの勉強は欠かしてはいけない。

ある人のために自分が精を出して働くには、まずその人がどういう人であるかを知らなくてはならない。自分の労働に対して報酬を支払ってくれる人のことをまず十分に知っていなくてはいけない。

（第2章第14節）

これはどういうことを言っているかというと、「Know your employer before being employed.（雇われる前に、雇い主のことをよく調べよ）」ということである。自分が働いている会社のことをよく知れ、上司のことをよく知れ、仕事を回してくれる発注者のことをよく知れ、ということを言っている。

金銭関係に入る前に相手のことをよく知れ、雇われる前に雇う人間のことをよく知れ。自分に対して支払いをしてくれる人間、会社、組織のことを自分自身で十分に調査してからでないと、雇われてから、仕事をしてから、労働をしてからでは遅い、ということである。なぜならば、多くの場合、労働の報酬、仕事の対価、ボーナス、年金、退職金は後払いだからである。大企業であっても、東芝やシャープ、タカタのようなことがある。長く働くつもりだったら会社のことをよく調べよ、ということだ。

1日は短い、仕事は山ほどある。そして使用人は怠け者、なのに賃金は高い。そして主人は次から次へと要求を出してくる。

(第2章第15節)

前半は雇用主の注意義務、自分が誰かに仕事を頼むときに注意しなければいけないことを謳っている。仕事を頼むときには、たいていの人間は怠け者で、1日は短く山ほどの仕事を残して終わることが多い、ということをよく頭に入れておかなくてはならない。高い報酬を支払うならば厳しい注文を出しても良い。

後半は従業員の注意義務を謳っている。逆に自分が仕事を頼まれるときには報酬が高い仕事ほど厳しい注文であることが多い。だから厳しい注文を出してくるときは高い報酬を請求しても良い。

ユダヤ人は人使いがうまいのはこれを読んでいるからだ。うまく人を使うことは経済的成功の秘訣だ。イスラエルでは大工仕事はアラブ人がやっている。イスラエルの人口の10%はアラブ人だが、大工仕事はアラブ人の独占だ。アラブ人もイスラエル人も激しい交渉をしながらイスラエルのなかで共存共栄している。

トーラーの勉強というのはすればするほど報いがある。それと同じで、貴方の雇い主、貴方の主人が信用できる人であるならば、貴方の仕事に対してキチンと支払いをしてくれる。

救世主メシアが現れるときには貴方が善人であればあるほど報《むく》いが大きいということだ。

仕事は必ず終わらせなくてはならない義務があるというも

のではない。だからといって、仕事から自分が免除されるというものでもない。

（第2章第16節）

メシアが地上に現れるときに善人は救われると言うが、その善人というのは仕事を投げ出さない人間である。しかし、完璧なまでに仕事をこなさなくてはならないという義務が誰にあるわけでもない。やり遂げるということは誰にでもできることではないから、そこまでやらなくてはならないというものではない。つまり、仕事は投げ出してはいけないが、完璧さを求めるあまりいつまでも仕事に着手しないとか、いつまでも残業を重ね完璧さにこだわるということは、もっといけない、ということだ。完璧な仕事を求めることは雇用主にとっても良い結果は生まない。

ユダヤでもアラブでも、神は完璧さを人間に求めてはいない、と考える。アラブでは「インシャーラ」（神の思し召すままに）と言い、ユダヤでも同じだ。

死ぬまでに懺悔はしておかなくてはならない。人間はいつ死ぬかということが分かるか？　それは分から

ない。従って今日直ちに懺悔をしなくてはいけない。なぜなら明日死ぬかもしれないからだ。従って懺悔は日々しなければならないということだ。偉大なソロモン王が言っているように、上着はいつも真っ白でなくてはならない。そして、髪の毛につける油は、これは欠かしてはいけない。

（第2章第16節後半）

つまりソロモン王の言っていることは、日々、折り目正しく生きろということだ。折り目正しくということは1日1日懺悔をするということだ。それは、人にはまったく後悔しない日はないということだ。

後悔をしないような傲慢な人間になってはいけない。経済的に成功するためには毎日後悔をすることだ。「ああすれば良かった」、「もっと、こうすれば良かった」と毎日後悔することが金持ちになる秘訣だ。なぜなら、後悔すればするほど同じ失敗はしなくなるものだからだ。

常に3つのことを心がけよ。さすれば悪魔の手に落ちることはない。

第一に、お前がどこから来たか、そして第二に、お前はどこに行くのか、そして第三に、お前がどんな審判を受け、どんな人生の決算を誰に対してすることになるのか、という3つのことを常に考えよ。さすればお前は道を誤ることはない。

お前はどこから来たのか？　それはお前は腐敗した一滴の泥水から来たということだ。

そしてお前はどこに行くのか？　お前は土に還るということだ。蛆虫《うじむし》の湧く土に還るということだ。

そして誰の前で審判を受け、人生の決算をするのか？　それは王の王、聖なるものの聖なるもの、すなわち神の審判を受け、神の決裁を受けるということだ。

（第3章第1節）

ここで言っていることは、どんな大金持ちでもどんな偉い社長でも、生まれてきたのは汚泥のような土からであり、そしてまたそのような金持ちも虫の湧く土に還る、そして常に神の審判を受ける、ということである。

この「From dust to dust」すなわち人間は神によって土から生を受け、そして神によってまた土に戻される、というのがユダヤ教義の基本的理念である。

そして生きている間、というか神によって生かされている間に、どのような善行を積んだのか、ということが最後に神によって裁かれる。

悪行と善行の収支決算、それが神の前で行われることになる、ということをよく心がけておかなくてはならない、ということだ。

人間は土埃から生まれ土埃に還っていく。土から生まれ土に還っていく。いくら事業に成功して大金持ちになろうと、その金を持って土に還っていくものではない。単に土から生まれて土に還る。誰もがそのことにおいては違いがない。しかも土に還るときには、どんな大金持ちもどんな大邸宅に住んでいた者も、蛆虫の湧く汚い土に還る。

金持ちでも貧乏人でも、死ぬときに違いがあるとすれば、残した財産の額ではなく、生きている間にどれだけ善行を積んだかであり、その神の審判が人生の最後の日に待っているということだ。善行と悪行の収支の決算が最後の日に待っているということだ。残した財や金の収支決算ではない。

この点は一人ひとり皆違う。悪行の多かった人は何千億円の財産を残しても収支決算がマイナスになる。善行の多かった人は貧乏人の借家住まいでもホームレスでも収支決算がプラスになる。神の審判ではこの点のみが問われるということだ。

私のニューヨークの主治医はユダヤ人でミッチェル・ゲイナー（Mitchell Gaynor）と言う。2年前に亡くなったが、常に診察のときにはこの「From dust to dust」を私に言ってきかせてくれた。

神の権威を畏《おそ》れぬ者は誰彼となく他人を軽蔑するような人間になってしまう。2人の人間が腰かけてトーラーについて話をするならば神はこれをお聞きになって記録される。しかし、一人でいるときもトーラーのことについて頭を巡らせているならば、これも神はキチンと記録されている。

（第3章第2節）

商売をするときにも、ビジネスをするときにも、事業をするときにも、常に神を畏れ、常にトーラーのことを念頭に置いておかなくてはいけない、ということを言っている。

トーラーには先に述べた613の戒律が書かれている。事業をする場合にも商売をする場合にもその613の戒律に従うこと、そして誰も見ていないと思っていても、一人でいるときも常にトーラーのことに思いを致していなければならない。神は全て記録されている。

経済的な成功のためにはトーラーの勉強をし、神を常に畏れ、「全ては神によって記録されている、そして事業で得た富、商売で得たお金の多寡《たか》は、いっさい神の審判には関係がない」ということを知っていなければならない。金持ちというだけでは決して神は祝福を与えてくれない。

どれほど善行を積んだのか、どれほど悪行を行ったのか、その収支決算のみが神の審判の対象になる、ということを常に知って人生を歩まなくてはならない。どうせ土から生まれたものは土に還るからである。どんな金持ちの人間も貧乏人と同じ土に還るのである。どんな金持ちの人間も、どれだけ善行を積んだのか、どれだけ悪事を働いたのか、神によるその収支決算からは誰も逃れることはできない。

事業を行って大金持ちになったとしても、まったく善行を積んでいなければ収支決算はマイナスとなる。貧困で死を迎えても、善行を積んだ人には神は祝福を与える。

善行とは金持ちほど貧しい人々に寄附をすること、金持ちほど多額の寄附をすることだ。では貧困者はどうすれば善行を積めるのか？　トーラーの勉強をすることだ。トーラーを買う金がなければ？　シナゴーグ（ユダヤ教の教会）に行くことだ。

統治者の権威というのはそれなりに尊重しなくてはならない。なぜならば、それなくしては人々の間に争いが絶えないからである。

（第3章第2節）

人々が暮らしていくためには隣人や知り合い、仕事の関係者との間でどうしても争いを避けることができない。そのときに法というものがなければ、結局は力対力の争いになってしまう。

その法は統治者の権威によって存在が守られるのであるから、やはり統治者の権威というのはそれなりに、そしてその限りにおいて、尊重されてなくてはならない。

しかし、そのことを重んじるあまり統治者に擦り寄ってはいけない。統治者＝権力者に擦り寄ることはユダヤ人が最も警戒することだ。ユダヤでは政商になってしまっては、ビジネスの成功の長続きはないと考える。権力者に擦り寄ってビジネスを行うことは危険であるとユダヤでは考えている。ビジネスマンが権力に擦り寄ると必ずひどい目に遭う。

ここに2人の人間が座っていたとしよう。そして、その2人の間でトーラーに関する何の議論も為されないとするならば、その2人には神によるいかなる祝福も、そして聖なるものも、存在しないと言って良い。

（第3章第2節）

ユダヤ人の男達はとにかくトーラー（モーゼ五書）の議論をよくする。それはここに書かれている通り、トーラーの議論をしないユダヤ人には神の祝福が宿らないと言われているからである。

なぜトーラーの議論をすれば神の臨在が訪れるのだろうか？　それはトーラーは神が書かれたものであるから、人間がそれを議論することを神は常に天上でお聞きになりこの上なく喜ばれ、その場に神が臨在されることになるからである。

このようなことから、ユダヤ人はビジネスのディスカッションにおいても常にトーラーを引用しようとする。ビジネスがトーラー通りに進んでいくものでないとしても、とにかく議論のきっかけ、あるいは議論の締めくくりにはトーラーが引用され、それまで敵対していたビジネスの当事者が一瞬にして和んだ雰囲気になることが多い。トーラーはビジネスのエネルギーであり潤滑油《じゅんかつゆ》である。

トーラーの議論をする相手がいないときにあっては一人でトーラーの一節を頭に思い浮かべ、あるいは一人でもトーラーを読まなくてはならない。
なぜか？　一人であってもトーラーを読んでいる人間は神がそれにお気づきになり神が臨在されるからである。従って、その人間に神の祝福が訪れる。

（第3章第2節）

特にユダヤ人ビジネスマンはビジネスのことで頭がいっぱいになり、あれやこれやと心配するときにこそ、ふっと一息つくかのようにトーラーを読み、あるいはトーラーの一節を頭に思い浮かべる。そうすると心が静まり、あるいは新しいビジネスのアイデアが浮かび、あるいはビジネスの相手方との着地点が見出せることが多いという。

このようにトーラーはユダヤ人ビジネスマンにとって砂漠のオアシスである。それなくしては生きていけず、それがあるが故に一息つき、それがあるが故に人々と手を携えることができる。トーラーがあるが故にユダヤ人ビジネスマンは成功するのである。

いくら夜中じゅう起きていたとしても、あるいはどんなところに一人旅で行けるとしても、もし怠慢に目を向け怠慢の方向に歩くならば、それは人生を無駄にすることである。

（第3章第4節）

ユダヤ人ビジネスマンは、働き者が多い。夜遅くまで仕事をする。しかし金曜日の午後と土曜日は完璧に休み、仕事はせずトーラーの勉強をする。

さて、ユダヤには、日常の繰り返しの大切さを説く次のような小話がある。

ある村に、男が粉屋として暮らしていた。妻と2人の子供がいて、来る日も来る日も一日中、粉まみれになって働いていた。

そんな日々の繰り返しに嫌気がさし、もっと楽しいパラダイスがあるのではないかと、粉屋は考えた。

あるとき、粉を買った人と雑談をしていると、「旅に出て、夜、靴を枕元に置いて眠り、翌朝、その靴が向いている方向に歩くとパラダイスがある」という言い伝えが異国にあると聞いた。粉屋は、その言い伝えが本当のことのように思えてならなかった。

「パラダイスを探してみよう」

そう思った男は、ある日突然、妻にも告げず子供も置きざりにして、パラダイスを探す旅に出てしまった。聞いた言い伝えの通り、夜になると靴を脱いで寝袋の枕元にそっと置いた。

朝起きると、小動物や風が靴を動かしていた。男は、靴が向いているその方向に歩き続けた。そして何十日も経った後に、ついにひとつの村にたどり着いた。

パラダイスにしてはみすぼらしい村だった。村のなかに入ると、見慣れた光景が広がり、聴いたことのある女の声と子供の声が耳に入ってきた。

その家は粉屋で、門をくぐると、置いてきた妻と子供にそっくりの母子が暮らしていた。男を見ると、その母子は「よく帰ってきたのね」と、温かく迎え入れてくれたので、「ここがパラダイスに違いない」と、男は確信した。

男は置いてきた妻と子供には申し訳ないと思ったが、自分が見つけたパラダイスで一生暮らしていくことに決めた。

そして昔と同じように、来る日も来る日も粉まみれになって一生懸命働き、平和に暮らした。


この話はつまり、夢を追い求めてはいけない。日常の繰り返しに飽きてはいけない。その繰り返しのなかにこそ幸せがある、ということを教えている。

トーラーの頸木《くびき》に身を投じる者は世間の頸木から解放され、トーラーの頸木から逃れようとする者は世間の頸木から解放されることはない。

（第3章第5節）

ここで言っていることは、トーラーの勉強をしっかりとし、トーラーの教えに従う者は世の中の煩わしいことから解放されるものであり、逆にトーラーの勉強をせずにトーラーの教えるところに従わない者はその代わりに世の中の煩わしいことから苦しめられる、ということである。ユダヤ人としての心がけ、それは世の中の煩わしいことから解放されるためには、何よりもトーラーの勉強をすることが重要であり、そうすることによって心の平穏を得ることができるとするものである。

何よりも、トーラーの勉強をすると人間というものをよく理解することができるようになる。ビジネスは人間のやることだから人間の理解は会計帳簿の理解よりも重要なことだ。

人が経済的に成功するためには、そして人が経済的に安泰であるためには、何よりも心の平穏が重要であり、心が乱れていたり心配事があったりすれば、経済生活も安定しない。従って、まずはトーラーの勉強をすることが重要である、ということである。トーラーの勉強を一生懸命すれば心の平穏が確保され、心配事から解放される。さすればビジネスに一心に打ち込める。

なぜトーラーの勉強をすると心が平穏になるのか？　それはトーラーの一語一語が神の言葉であるからだ。神がこうしろ、ああしろ、と言っておられるのであるから迷うことは何もなくなるのだ。

10人のユダヤ人が座ってトーラーの議論をしているならば必ずや神の祝福がそこに与えられるであろう。ならば5人の人間が座ってトーラーの勉強をしているならば神の祝福はあるのか。その通り、5人の人間でも神の祝福はある。

ならば3人の人間のときはどうか。その通り、3人の人間でも同じである。

ならば2人のときはどうか。必ずや神は2人の人間のトーラーの議論を聞いておられる。

ならば1人の人間のときはどうか。1人であっても神の教

えを口にする者には神の祝福が宿るものである。

（第3章第6節）

ビジネス、ビジネス、金儲け、金儲け。それのみの人生は神が喜ばない。トーラーの勉強をすること、善行を積み、チャリティーをする。そうすれば必然的にビジネスも成功する。ビジネスのことだけで終わる人生は神がその者を生まれさせた目的に合致していない。トーラーの勉強をし、善行を積み、チャリティーを行うことのために生まれてきたのだから。

神のものは神に返せ。なぜならばお前自身も含めて全て神のものであるからである。

全ては神が与え、神が授けたもの。全ては神自身の手から与えられ、そしてお前自身もお前の財産もお前の土地建物も全ては神自身に戻される。

（第3章第7節）

このユダヤの考え、すなわち、〝全て神から授かったもの、自分自身も含めて全て神から授かったもの〟という考え方は、たまたま経済的に成功して大金持ちになったその者のその富も全て神のものであるという考え方になる。

従って自分の才覚で事業に成功したということはユダヤ教では驕《おご》ったものの考え方ということになる。たまたまそれは神が気まぐれに与えた運が良かったというだけである、と考えるのである。従って全ては神に返さなくてはいけない経済的な富なのである。

よくＩＰＯ（新規公開株）で儲かった金を自分や自分の家族のためのみにしか使わないという人が多いが、そのような考えはユダヤ的ではない。少なくとも株で儲けた金やビジネスで儲けた金の最低10分の１は社会のために寄附をしなければならない。できればそのほとんどの10分の９を世のため人のために使ってしまわなければならない。

一番の善行は自分の財産を全て貧しい人々のために寄附をして死ぬことだ。それがエシックス・オブ・ファザーズの教えなのだ。

道を歩きながらトーラーの勉強をしている男がいたとしよう。その男はトーラーの書物を手に持ち、それを見ながら歩いている。

そして道端の木に目を奪われて、あるいは道路の傍《そば》の畑に目を奪われて「ああ、なんと美しい葉の整った木だろう」、

「ああ、なんと美しく刈り取られた畑だろう」と気を奪われていては自分自身の命を放り投げたようなものだ。

（第3章第7節）

要するにトーラーの勉強をするときには集中しなくてはならないということである。では、ユダヤ人はいかに集中するのか。ユダヤ人の集中力は、毎日のアミダ（Amidah）の祈りのときに現れる。

アミダの祈りはユダヤ人の祈りのなかで最も重要な、声を出して祈らない黙想《もくそう》の祈りである。両足を揃えて立ち上がりエルサレムの神殿の方向に向かって身体を前後に揺すりながら祈りのベールを頭まで被り、ヘブライ聖書を両手に持ち、ただひたすら精神を集中して祈るのである。

このときのユダヤ人の精神集中は、最高潮に達すると身体を前後に揺する動きが規則的に激しく繰り返される状態になる。いわゆる完全に「空《くう》」の状態になっている。かくして、ユダヤ人はいつでも雑念を払い精神を集中する術を身に付けているのである。

罪に対する恐れというものがウィズダム(wisdom)すなわち知恵よりも優先するならば、その者のウィズダムは長続きするであろう。しかし、罪に対する恐れよりもそのウィズダムが優先するならば、その者のウィズダムは長続きしないであろう。

（第3章第9節）

ここで言っていることは、ユダヤ人の経済的な生活の安定のために最も重要なことはビジネスを行うなかで神の前で罪を犯すのではないかという根源論としての罪に対する恐れ、それが一番重要であり、2番目に重要なことはウィズダムすなわち方法論たる生活上の知恵である、という順序だ。

方法論としての生活上の知恵というのはビジネススクールで習うようなもの、つまり経済的に成功するための色々なやり方とか対策とかビジネスの仕方というものであろう。それがいわゆるウィズダムと言われるものだが、それが優先してしまって金儲けに走るようではいけないというのである。

重要なことは根源論としての神に対する畏れ、正義に対する恐れ、神の法に対する恐れ、そういうものが常に頭のなかにあって金儲けより優先しなくてはならない。

それなくしていかにビジネススクールで事業のやり方を磨いてきたところで、それはウィズダムにしか過ぎない。神への畏れのないウィズダムは長続きしないというのである。オリンパスという名前はギリシャ神話のOlympusつまりオリンピアの神々、ゼウス（Zeus）、ヘラ（Hēra）、ポセイドン（Poseidōn）、アテナ（Athēna）、アポロ（Apollo）、アルテミス（Artemis）、ヘスティア（Hestia）、デメテール（Demeter）、ヘルメス（Hermēs）、アフロディーテ（Aphroditē）、アレス（Arēs）、ヘーパイストス（Hephaestus）が住む山のことであるが、その名前を採った会社がスキャンダルにまみれていた。これは、神に対する畏れを失くした人々が経営したということである。だから、神の法を犯したことになる。神の法を犯さないこと、これがユダヤ人が経済的に長く成功する秘訣である。

ウィズダム（wisdom）すなわち知識、知恵よりも行動が優先する者は、その者の知識、知恵は長続きするであろう。しかし、その者の知識、知恵が行動よりも優先する者は、その者の知識、知恵は長続きしないであろう。

（第3章第10節）

ユダヤ教では常に行動を優先させる。ノウハウや知識、知恵は行動が伴わなければ何の意味もない。

例えば、チャリティーを施さなくてはならないというのは知識だが、実際にチャリティーを施さなければその知識には何の意味もないのである。そういう実践主義、行動主義をここで言っている。

お題目や説教だけでは駄目だということだ。自らが行動をしなければならない。これがユダヤ教の実践主義である。

例えば、日本では大地震など災害のときに皆が被災者支援のチャリティーを叫ぶが、叫ぶよりもまず拠出することがユダヤでは求められる。そして災害がないときでも同じように毎日毎日チャリティーを実際に行うことが求められる。

仲間や同胞に喜ばれる者は神を喜ばせている。仲間や同胞に嫌われる者は神に嫌われる。

（第3章第10節）

ユダヤでは常に同胞を大切にする。同胞からの信頼を得ることがビジネスの成功の第一歩だと考えている。親しい者、身近な者からの信頼を得ない者はビジネスで成功しない。同胞からの信用こそビジネスの第一歩だと教えるのである。

朝寝をし、昼から酒を飲み、子供のように馬鹿げた話をし、そして愚かな会話に参加する者は自分で自分を陥れていく。

（第3章第10節）

ここで言わんとしていることは、ユダヤ人が経済的に成功するためには常に向上心を持つということ、そして愚かな会話や意味のないダラダラ会議に参加しないようにし、朝は早く起き、酒は飲まない。そして常に自分よりも色々な意味において立派な人と会話をするようにすべきであるということだ。

ユダヤ人の成功者には早寝早起きが多い。夜の酒席宴会はしない。シャバット（Shabbat）の夜は少し遅く夜10時頃までは起きてユダヤ人仲間とシナゴーグ（ユダヤ教の教会）でトーラーの勉強をするが、日曜日から金曜日までは朝7時にはシナゴーグに行き、祈りに参加するから、朝4時から5時には起きる。必然的に夜9時には床につく。そのためには夜6時頃には帰宅し家族と食事をするのが日課となっているようだ。

ユダヤ教の祭日をないがしろにしたり、人を公衆の面前で馬鹿にしたり恥ずかしい思いをさせたり、トーラーをその意図するところとはまったく違った方法で勝手に解釈したりする者は、トーラーの知識があり仮にトーラー通りに物事を実行しているとしても、メシアが到来する世界ではどこにも行き場所がないと思え。

ここでユダヤ人の経済生活にとって重要なことは、他人を公衆の面前で恥ずかしい思いをさせるということが重大な罪だとされている点である。例えば部下を会社の大部屋で罵倒するなどがこれに該当する。人を叱るなら別室で他の人に聞こえないところでやるべきだ。そしてトーラーの知識があり、トーラー通りに生活を実行しているとしても、自分勝手な解釈をすることは、やはりこれまた許されないとするものである。

悪ふざけや軽々しい冗談を言ったり行ったりする人間はまともな生活を送れない。

伝統を大切にするということはトーラーにとって重要なことである。経済的に豊かであるためには収入の10分の1を常に寄附するということが前提となり必要となってくる。何事にも誓いを立てるということは節制のために重要なことである。そして、何事も軽々しく口にしないということは間違いを犯さないことの前提となる。

（第3章第13節）

悪ふざけや冗談を言ったりすることは経済的な成功のためによろしくないということ。ユダヤ人には、アメリカ人に多く見られる「ペラペラ喋る」「軽口をたたく」「ハハハと大声で笑う」「冗談を言う」という者は、少ない。

そしてユダヤ人にとって一番重要なトーラーを守るためには伝統を大切にすることであり、富を築きたければ常にチャリティーに応じていなければならないし、節制を心がけることが重要であるが、そのためには誓いを立てるという姿勢が重要であるし、生活の知恵を身に付けるためには軽口は良くない。あまり喋り過ぎない、ということが重要である、ということだ。

我々人間は神から選択の自由を与えられた。善か悪かどちらを選択するか、その自由を神から与えられた。そしてどれだけ善であったかということにより神から審判を受けることになった。しかし、どれだけ善であったかということは神の審判においては積極的に考慮されない。どれだけ善行を実際に施したかということで判断されるのである。どれだけ実際に善を行ったかということで判断されるのである。全て具体的な行動が必要である。

（第3章第15節）

この15節はユダヤ教義の基本中の基本を表している。神は人間に、善行を行うか悪事に手を染めるかの選択の自由を与えられたのである。善行しか行えないように神は人間を創らなかった。悪事を行う自由も神は人間に与えられたのだ。その理由はユダヤ教の学者が長く議論してきたがよく分かっていない。良い人間だけをこの地上に生まれさせておけば今よりはよほど良い地球になっていたかどうか。

ビジネスにおいて人を騙すような悪どい商売をすることも人間には可能とされた。しかし、最後に審判を受けるのだ。正直なビジネスを行い、チャリティーを実施している者は神が審判において祝福される。


トーラーがなければ良識なし、良識なければトーラーはなし。

知識がなければ神への畏れもなし。神への畏れがなければ知識もない。知識を応用することもなければ知識を分析することもできない。

知識を分析することができなければ知識を応用することもできない。

食べるものがなければトーラーもない。トーラーがなければ

食べるものもない。

（第3章第17節）

ここで言っていることは結局トーラー（モーゼ五書）の勉強をしなければ良識も品格も備わってこない。しかしいくら知識を蓄えたところでそれを行動に応用しなければ何の意味もない。食べるものがなければトーラーの勉強どころではないが、かと言ってトーラーの勉強をほったらかしにしたのでは食べ物を得ることもできないということである。

要はこの2つは常に両方相まって存在する必要があるというのである。トーラーと、品格、良識、知識、神への畏れ、知識の応用、知識の分析、そして生活の糧とトーラーである。2つが常に両方存在することが必要だ。

このようにユダヤ教ではトーラーと生活の糧、トーラーと経済的安定というのは常に原因であり結果であり、結果であり原因なのである。ユダヤ教では実践と勉強のバランスが求められる。

行動よりも知識、知恵（ウィズダム、wisdom）が大きな人間は

何に例えられるか。枝ばかりが多くて根があまり生えていない木に例えられる。嵐が来れば根こそぎ倒れる。そのような人間は捨てられた土地にひとり寂しく佇む木のようなものである。実りのときが来ても実を付けることはない。

そのような人間は乾燥した大地で枯れてしまった木のようなものだ。塩分の多い土地で人も生物も住まないところの木のようなものだ。

しかし、その行いと実践がその者の知識、知恵（ウィズダム）よりも多いものは一体何に例えられようか。

それは、枝は少なくとも根が張っている木、いかに激しい嵐が襲ってこようが決して倒れることはない。水の豊かな土地に植えられた木、川辺に根を下ろした木、従って熱風が襲ってこようが恐れることはない。

そしてその葉は青々と茂り、乾季の旱魃《かんばつ》でも枯れることがなく、実を絶やすこともない。

ユダヤ教は実践を求める。頭のなかだけの教義倒れに終わることは良くない。チャリティー、社会貢献、貧者救済の実践が求められる。

金持ちほど寄附をしないといけない。金が儲かったのは神のお陰であるから、その金は神に戻す（貧者救済、寄附、チャリティー）必要がある。どうせ死ぬときは全てを神に返却するのだから、早めに戻しておけば長生きができるとユダヤ人は考える。神はチャリティーしない者を早く天国に呼ばれ、儲けを神に戻せ、とおっしゃる。

ハリウッド黄金期を支えた名優カーク・ダグラス（Kirk Douglas）は、収入の10分の1は社会還元に回すべきだという思想に基づき、自分の住むハリウッドの周辺400ヶ所に乳幼児が安心して遊べるプレー・グラウンドを建設した。そして「Kirk Douglas High School」というものを自分の全額寄附で創り、その運営費用を全面的に拠出しているのみならず、毎年卒業生全員に奨学金を与えている。

さらに、奥さんの名前を取った「Anne Douglas Center for Women」というホームレス養護施設を創り、女性のホームレスの人々を支援している。そして、「Kirk Douglas Theatre」という映画俳優養成学校を創っているのである。ここで若いタレントの養成を全て自費で行っている。

カーク・ダグラスは86歳のときに心臓発作に襲われた。その病後の回復が思わしくなく、重篤なうつ病に罹《かか》ったのである。そのときに彼を回復させる大きな原動力になったのが、ユダヤ人思想である。

「何のために自分はこの世に生まれてきたのか。人々に尽くすために生まれてきたはずだ」という考え方であった、と自ら語っている。自分は86歳にしてまだ十分な社会貢献をしていないという強いユダヤ人思想がカーク・ダグラスを重篤なうつ病から回復させたのである。

多くの精神神経科医師が認めるように、うつ病は社会に対して自分がどれほど貢献できているかという接点がなくなった人々を襲うことが多いのである。逆に言えば、ユダヤ人のように宗教上の戒律として常に社会還元、社会貢献が求められる場合には、うつ病に罹ることも少ないのである。

確かに私が訪れる世界中のシナゴーグ（ユダヤ教の教会）でも、ヨボヨボになり車椅子に座りながらも90歳を過ぎてシナゴーグに顔を出すユダヤ人の老人達が多いのである。彼らはその死の瞬間までユダヤ人社会に貢献しようという強い意思に満ち溢《あふ》れた顔付きをしている。

どういう人間が強いと言えるのか。それは気持ちの昂《たか》ぶりを抑えることのできる人間だ。プロバーブ(Proverb)第16章第32節*註にあるように、腕力がある人間よりも滅多に怒らない人間が強いと言える。自分の気持ちをコントロールすることができる人間、それが強い人間だ。

ユダヤ人は感情をコントロールすることがうまい人々だと言われるが、事実そうである。ユダヤ人が怒りを抑えコントロールする術を身に付けているのは、エシックス・オブ・ファザーズでそう学んでいるからのみでなく、常にポケットやブリーフケースのなかにヘブライ聖書を携えているからである。

例えば夫婦喧嘩《げんか》の真っ最中でも、1日5回もある祈りの時間がくれば夫婦喧嘩を止めてヘブライ聖書を読み、祈りに向かわなくてはならない。

あるいは悩み事でなかなか寝付けない夜でも、寝不足のまま翌日早朝に起きて朝の祈りを決まった時刻にしなくてはならない。1日2回はシナゴーグに祈りのために行かなくてはならない。つまり、宗教儀式を中心に日常生活を細分化し、パターン化することによって無用な怒りを拡散することができるのである。

余談だが、日本人の美点は、相手が言った言葉の裏にある感情をすぐに察し、敏感に反応したり、あるいは察したところに基づいて悩んだりする点である。これに対して言葉民族のユダヤ人は、相手の言葉の裏にあるものや、行間にあるものを察しようとはしないで、直ちに表面的な言葉で反応する。

例えば、上司が部下に「おい、あれはやったか？」と聞いたとしよう。この場合、日本人の部下は、やってないことを責められている、早くやれと言われていると思う。「申し訳ありません」とまず詫《わ》びる。そしてプレッシャーを感じてしまう。それが続くと、ノイローゼになったり、ストレス症候群になったり、あるいはうつ病になったりする。

ところが、ユダヤ人は「おい、あれをやったか？」と上司に聞かれたら、「やっているか、やっていないか」が答えであるから「やっていません」と答える。それで仕舞いである。そして、その質問に対して、「早くやれ」と言われているとも思わないし、遅いことを非難されているとも思わない。単に「やったか、やっていないか」を聞かれているだけの質問だとしか思わない。

さらに「なぜやっていないのか？」と突っ込んで聞かれても、ユダヤ人ならやっていない理由を淡々《たんたん》と説明するだけで、「早くやれ」と言われているとはまったく思わない。「こんな仕事の遅い奴は会社から出て行け」と解釈したりしない。

日本人は「なんでやっていないのか?」と聞かれると「申し訳ありません。今日残業してでもやります」と答え、上司に大変な非難をされていると思ってしまう。

結局、日本人の場合は相手のことを慮《おもんぱか》る、忖度《そんたく》する、配慮する、察するという民族だから、過剰にストレスを溜めこみ、うつ病が多くなるのではないか。一度、日本人はユダヤ人のように相手の言葉をそのまま受け取り、その裏にある感情を推し量ることをやめてはどうだろうか。感情的にイライラすることや、ストレスを感じることは、相手にどう思われようと、サッサとやめてしまうことだ。

＊註 プロバーブというのはヘブライ聖書のひとつでソロモン王のプロバーブと言われる。ヘブライ聖書には基本となるモーゼ五書の他にネビーム(Nevim)、ケトビーム(Chetuvim)と言われる書物があり、ソロモン王のプロバーブと言われる書物はケトビームのなかに含まれる書物のひとつである。ケトビームには11種類の書物が含まれる。

強い男というのは町の警察官よりも自分の気持ちを取り締まることができる者を言う。

どんな人間でも一生の間に不幸や不運に見舞われることが絶対にある。交通事故に遭うかもしれない。目の病気で失明するかもしれない、滑って転んで下半身麻痺《まひ》になるかもしれない、というようなことで不幸が襲ってくる。そのときに、そのことからどう幸福感に繋げていくか。

ユダヤでは「Transform suffering」と教える。Suffering は受難、苦難、不運、不幸。Transform は作り替えるという意味である。これは、不幸を乗り越えるとか、耐えるとか、受け止めるという日本人のアプローチとは違う。苦難の犠牲者になることをまず絶対に拒否し、逆に不幸とがっぷり四つに組んでこれと戦い、希望の灯《とも》りを灯せる何か他のものに作り替えるまで戦い続ける、というのがユダヤ人の苦難の歴史から生み出されたウィズダム（wisdom）である。

どういう人間が金持ちと言えるのか。それは今住んでいるところに満足する人間である。

プサルム（Psalm）第128章第2節＊註で書かれているように、苦労して働いてそれで食べるのに精いっぱいだと言うならば貴方はなんと幸せなことであろうか。そして貴方はさらに善になる。

幸せであるというのはこの世界において幸せであるということであり、善になるというのはメシアが到来するときにおいて善になるという意味である。

＊註　プサルムというのは先ほど述べたケトビームに含まれる書物のひとつで、ヘブライ聖書のひとつを構成する。

どういう人間が尊敬できると言えるか。それはまわりの仲間を尊敬する人間である。サムエル書第2章第30節＊註に書かれているように、私のことを尊敬する人間を私は尊敬する。私のことを軽蔑する人間を私は軽蔑する。

人に認められ褒められることほどその人に幸福感を与えることはない。さすれば、人に褒められることを単に待つのではなく、自分から人を褒めてみよう。そうすれば、少なくともその人に幸福感を与えることができる。

人に幸福感を与えることは、自分を不幸にするであろうか。ユダヤでは、人に幸福感を与えることは自分に幸福感をもたらすひとつの善行であると考える。そのためユダヤでは、他人を褒めることは一種の義務であると考えている。

＊註　サムエル書というのはヘブライ聖書のネビームと言われるシリーズに含まれている書物

である。サムエル書は2部構成になっている。ここでサムエル書第2章第30節というのは第1部の第2章30節を言う。

どんな小さな善行でもそれを実際に行えば悪事に陥ることを防ぐことになる。なぜなら、どんな小さな善行でもそれを行えばまた別の善行を招くことになる。どんな小さな悪事でもそれを行えばまた別の悪事を招くことになる。善行を行うことの報いは善行であり、悪事を行うことの報いは悪事を呼び込むことになることである。

（第4章第2節）

法律的な義務ではないが、ユダヤ教徒が日頃実行するべき善行をミツバ（Mitzvat）と言う。前章で述べた613の戒律も当然のことながらミツバのひとつであるが、その他に、613の戒律を超えて人間としての温かさ、親切さ、慈悲《じひ》から行うべき行動もミツバと言われる。例えば病気で入院している人がいれば、全然知らない人でもお見舞いにいくのがミツバのひとつであると言われている。

その代表例がチャリティーである。例えば通りすがりの道にホームレスがいたとしよう。そのホームレスにすっーと1ドル紙幣を渡すのがここで言うチャリティーである。

私自身、ヨーロッパでもアメリカでもホームレスを見かけたら必ずわざわざ近くのスーパーマーケットに入ってサンドイッチを買ってきて差し上げたり、あるいはポケットに入っているお金を渡したりしている。かくして、一日何回もホームレスに会う日は何回もツェダカ（tzedakah、社会奉仕、社会還元、貧しい人々への寄附という戒律上の義務）をすることになる。

第4章第11節には「1日1回でもミツバを実行する者は神がその者にひとりの弁護士を付けたと同じことになる。ところが、1日1回でも悪行を重ねればその人間への訴追者、検察官、攻撃者を生むことになる。毎日懺悔をし、正しい行いを実行することは神の処罰から身を守る唯一の盾である」とも書かれている。


どんな人間でも軽蔑に値するという人間はいない。どんなことでも不可能であるというものはない。なぜならばどんな人間でもその人間が役に立つ、その人間が輝くときがある、その人間が才能を発揮するときがある。そういう日がいつかはある。そしてどんなことでも可能にな

るときがくる。

（第4章第3節）

これは、ビジネスにおいて組織の上に立つ人の心構えを説いている。時代が変われば急に能力を発揮する人がいる。時代の変化は思っていたより早くくる。徐々にくる変化は人間が作っている変化だが、ガラッと一変すること（パラダイム・シフト）が起こるのは神が介在された変化であるからだ。

神は時々パラダイム・シフトを人間社会に起こされて、人間をふるいにかけられる。それまで無能であった人々が一転して有能となる。それまで馬鹿にされていた研究が一転して注目されることになる。

何かの希望を実現しようとするときは、できるだけ可能な限り謙虚であれ。なぜならば、自分の希望というのは牛が這《は》うようにゆっくりとしか実現しないからだ。

（第4章第4節）

どんな野心や大望を抱いていても、人の希望というのは牛が這うようなゆっくりとしたスピードでしか実現しない。だからその牛が這うようなスピードに合わせるように、自分はできるだけ謙虚にしていなければ大きな希望というのは実現しないということを教えている。

「商売は牛のよだれ」と日本でも言う。ゆっくりと徐々に一歩一歩前進するビジネスがユダヤ人には向いている。急拡大したビジネスは急に減速する危険がある。

陰ででも秘かにでも、あるいは人のいないところでも、神を冒瀆《ぼうとく》する者は公衆の面前で罰を受ける。うっかりとでもあるいは意図的にでも神を冒瀆する者は罰を受ける。

経済的に成功するためには人のいないところでコソコソ悪いことをする人間ではいけないということを言っている。人が見ていないから、人が聞いていないから、多少なりでも悪いことをしてもいいという考えの人間は経済的に成功しない。

トーラーを人に教えるために勉強する者は教えると同時に学ぶ機会も与えられる。トーラーをそこに書かれていることを実践するために勉強する者は学ぶチャンス、教えるチャンス、守るチャンス、そして実行するチャンスを与えられる。

（第4章第5節）

トーラーというのは実行するためにある、トーラーの勉強は実行するためにある、トーラーを人に教える目的は自ら実行するためである、ということである。

さらに、「コミュニティーから孤立してはいけない。同胞を見放してはいけない。トーラーの勉強は、出世のため、経済的に成功するためにするものであってはならない。トーラーの勉強を何かの目的のために道具として行うようなことがあってはならない。トーラーの勉強を道具として、あるいは目的のための手段として行う者は自ら滅び、トーラーの言葉から経済的な利益を得ようとする者はその命を長らえることはない」と言われている。

逆説的に考えると、トーラーの勉強をすればするほどユダヤ人は経済的に豊かになるということである。トーラーはユダヤ人が失敗しないためのものだから、それを目的としてトーラーの勉強をするという卑《いや》しいアプローチを戒めているのだ。

金儲けがトーラーの勉強の目的であってはならない。結果として意図してもいけない。

トーラーの勉強をすればするほど経済的に安定することは約束されているのだから、そのようなことを意識してもいけない、ということである。

純粋にトーラーの勉強をする気持ちでないとトーラーの本を手に取ることも許されない。なぜならトーラーは神の言葉集だからだ。経済的目的というためにトーラーのページをめくることはあってはならない。

トーラーを尊敬する者は人々から尊敬されることになる。トーラーをないがしろにする者は人々からないがしろにされる。

（第4章第6節）

人々から尊敬されることが経済的な成功に繋がるわけだから、トーラーの勉強をするということは結局、経済的な安定に繋がっていく。

日本人とユダヤ人を比較して一番目につく違いは、勉強量の違いだ。日本人はユダヤ人に比べると本当に勉強しない。やるのは受験勉強だけで、あとはテレビのお笑い番組か野球中継で一生を終える。

対してユダヤ人は、トーラーの勉強を一生続ける。この違いは何に現れるか？

それは一言で言うと「自分の考え」を持って一生を終えるかどうかに現れる。日本人は、各人に自分の考えがあるように見えるが、それはテレビや新聞の影響を受けて、マスコミが書いたり言ったりしていることを単に反覆しているだけに過ぎない。テレビのコメンテーターは日本の新聞しか読まないからその影響を受け、新聞記者はテレビしか見ないから、結局誰もが人の受け売りだ。各人が自分独自の考え方を持たない。

ユダヤ人は子供の頃からトーラーを勉強することで、自らの価値判断の軸がしっかりしているので、マスコミの影響を受けにくいぶん、自分自身の独自の考えを持つ。ユダヤ人は「私はこう考える」ということを主張してやまない。

ユダヤの小話にこんな話がある。

ある村に勉強熱心な青年がいた。そこへ預言者エリジャが現れて、その青年に「何か願いはあるか」と聞いた。その青年は「勉強をして知識を持ちたい」とエリジャに言った。エリジャは彼に大量の本を与えた。

3年後エリジャが乞食の格好をしてこの青年のもとに現れ、ある難しい質問をした。そうしたところ、その青年は本に書いてあることをスラスラと答えた。そこでエリジャは乞食の格好から預言者の服装にいきなり戻り、

エリジャ「君には大量の本を与えたが何の身にもなっていない」

青年「そんなことはありません。私は書いてあることは全部覚えました」

エリジャ「それじゃ、私が君に本を与えた意味がないじゃないか？」
青年「どういうことですか？」
エリジャ「大量の本は、君が自分の独自の考えを持つために与えたのだ。ところが君は覚えただけだ」

と言うや否や、エリジャは青年の頭のなかから覚えた全ての記憶を消してしまった。

今の日本人は、この青年のように大量の読書すらしない。スマホでE-bookを読むのではなくＬＩＮＥをするかゲームをするかだ。ましてや、自分独自の考え方を持つことはもない。

「それでも経済的に成功した世界第3位の経済大国だから良いじゃないか？」という反論は、「頭のなかは空っぽでも金があれば良いじゃないか」と言っているに等しいとユダヤ人は思う。

貧困にあってもトーラーの勉強をし、トーラーの実践をする者は最終的には経済的に豊かになってトーラーの実践をすることになる。

しかし経済的に豊かになったからといってトーラーをないが

しろにし、あるいは無視する者は、結局は貧困にあえいでトーラーを無視することになる。

（第4章第9節）

ここで言っていることは、どんなに貧しいからといってトーラーの勉強を欠かしてはいけないということ。結局それが経済的に豊かになることに繋がるからである。

しかし経済的に豊かになったからといってトーラーの勉強をないがしろにするような者は結局また貧困に逆戻りする。

多くのユダヤ人は経済的に成功するとトーラーの勉強をしなくなる。トーラーの実践をしなくなる。そうすると事業に失敗して貧困に逆戻りする。

ユダヤ人はこれを恐れるので、経済的に成功すればするほどシナゴーグ（ユダヤ教の教会）に顔を出してトーラーの勉強をし、収入に見合った寄附、チャリティーに励む。それは、寄附、貧者救済、チャリティーを行っていることはトーラーを実践していることになるからであり、シナゴーグに来ることはトーラーの勉強をしていることになるからである。

仕事やビジネスや金儲けはできるだけ少なめに、そして逆にお前の日常をトーラーで大きく満たさなくてはいけない。あらゆる人に対して謙虚でなくてはならない。トーラーの勉強を決してないがしろにしてはいけない。トーラーに書かれていることをないがしろにしてはいけない。トーラーをないがしろにする理由はいくらでも見つけることができる。仕事で忙しいから、あるいはビジネスのほうが重要だからと。しかし、もしそのようにトーラーをビジネスの理由でないがしろにするならば、結局ビジネスにおいても報われることはない。もしトーラーをビジネスよりも大切にするならば結局は大きな神の祝福となって返ってこよう。

（第4章第10節）

「今何をしているのかね？（What are you doing?）」というタイトルのユダヤの有名な小話を紹介しよう。

ニューヨークのマンハッタンにユダヤ大学がある。そこにヨゼフ・ベール・ソロベッヒクという有名なラバイ（ユダヤ教の宗教的指導者）がいる。その教授の教室の生徒で10年ほど前に卒業した優秀な生徒がいた。彼はモーゼ五書の勉強にも優れ、熱心な生徒のひとりであった。

10年の歳月を経て、ラバイがたまたま町でバッタリとその生徒に出くわした。そこでラバイが「今何をしているのかね？」とその生徒に聞いたところ、その生徒は「いや、お陰さまで今JPモルガン・チェースに勤めていまして、金融関係の仕事をしています。結構いい年俸を取るようになりましたので、いい暮らし向きをしています」と答えた。そしたらまたラバイは「君は何をしているのかね？」と同じ質問をした。

ユダヤ大学を卒業して10年にもなるその30代半ばの青年金融マンは、「今申し上げた通り、今はJPモルガン・チェースに勤めていまして証券関係の仕事をしています。ヘッジファンドなんですよ、担当は。お陰さまで良いボーナスももらっています」と答えた。

ところがまたラバイは「君は何をしているのかね？」と3度同じ質問をした。3度も同じ質問をされて怪訝《けげん》に思ったこの元生徒は「ちょっと先を急ぎますので」と言って、そこを立ち去ってしまった。

そして職場に戻ってまたスクリーンを睨《にら》みながら、ヘッジファンドの投資の指示を出していたところ、ふっと10年前のユダヤ教の勉強をしていたときの記憶が甦《よみがえ》った。

「しまった。私は間違っていた。あのときのラバイの質問はそういう質問じゃなかったんだ。なんと愚かだったろう、私は」

そして、この青年金融マンは翌日からシナゴーグ（ユダヤ教の教会）に毎日行き、ヘブライ聖書の勉強を再開した。

さて読者はラバイの質問がどういう意味か、そしてなぜこの生徒の答えが愚かな答えだったかお分かりになるだろうか？　それは、こういうことなのだ。

ユダヤでは昔からこのような言い伝えがある。金銀財宝や人生の成功ということは全て神が所有するものの分配の問題であって、誰にどのような富が集まるか、誰にどのような人生の成功が集まるかということは全て神が采配されることであり、全ての富や全ての人生の成功は神が所有するものであり、その人間が所有するものではない。

実際、この地球上にある金の量はいくら掘り進んでも14万6000トンしかないと言われている。つまり、人間は決してそれ以上の富を生み出せない。いかに、誰かが多く集めるかの問題も、神が決められた金の全体量を変えることはできない。

人間が所有するものはその人間が今やろうとしているもののみによってしか獲得されない。人間がやろうとするべきことは、富の分配や人生の勝敗を自分に有利なように努力することではなく（それは神の采配事）、自分にしかできないこと、すなわち善行を尽くし、ツェダカ（tzedakah、貧しい人のために寄附をし自分の時間を使うこと）を行い、そして仲間（ユダヤ人の仲間）のために親切であるように努力すること、ヘブライ聖書の勉強を日々欠かさないこと、この４つが人間でなければできないことであり、人生の目的というのはこの４つを行うことである。

だからラバイがこの生徒に「君は何をしているのかね？」と聞いたことは、どんな職業に就いているのかと聞いたのではなく、人間としてお前は何をしているのかと聞いたのである。だからその４つのうち何をどの程度しているのかというのが答えであり、神がされている富の分配の調整とか人生の成功の調整は自分が人間としてやっていることではなく、神が為されたことをたまたま自分の成功だと勘違いしているということなのである。

What are you doing?　このユダヤの質問はこういう深い意味があるのである。

どんな会社もどんな事業もどんな団体も神の定める聖なる目的のためでないものはいずれ滅び、潰れ、長続きしない。

（第４章第11節）

株式会社や会社組織の歴史を見ると「世のため人のため」と言い、そういう社是を掲げていながら、潰れたりスキャンダルにまみれたりする会社が多いのはどうしてであろうか。「世のため人のため」という会社の方針はその会社の社長以下の人間の独善で決められるものであり、社会的、世間的には正しいことをしていると見られていても、社会や世間と神の目は違うから、結局は神の目から見れば悪事を働いていることに他ならない場合になることが多いからである。

大量に安い物を作って人を便利にすれば、全てそれは世のため人のためかといえば、神の目から見れば必ずしもそうでないことがある。そのことに気づかなければ、結局会社も組織も長続きしないということである。

原子力発電で大量の電力を供給することは社会的に見ると正しいことかもしれないが、神の目からはどうであろうか。世間が正しく、世間の目が正義の目である、と思われているが、ユダヤでは、世間の目は必ずしも神の思われることではない。世間的に正しいことでも神の目から見れば間違っていることは多い。

フォードは内燃機関の自動車を安く大量に作ったが、果たしてそれが神の目から見て善なるものであったか？　そのために大気汚染と多くの交通事故を生み、道路の建設は自然を破壊している。世間とは人間社会の多数決であるが、人間社会の多数が支持することと神の考えは同じでないことが多いのである。バベルの塔やノアの大洪水の物語は大多数の人間が誤った実例である。

ユダヤでは、人間の世間、人間の社会、人間の多数意見と神の道は違うことがあると考えている。なぜなら、世間、社会、多数意見というのは人間の見方であるから、神のそれと同じとは限らない。

神が何十万年という歳月をかけ地中の奥深くにしまわれた化石燃料を、人間の世間、人間の社会、人間の多数意見は便利だからと掘り出し、大量に大気中で燃やし、地球温暖化を招いた結果、海水温度の上昇を招き、世界各地の大洪水や強力な台風、ハリケーンを招いている。これは、人間の多数意見と神の見方が痛烈な違いとなって現れた一例である。

先生は生徒に対して自分自身への尊厳と同じ尊厳を持って接しなければならない。そして仲間に対して自分の主人に対するのと同じ尊厳で接しなくてはならない。そして自分の主人には神に対するのと同じ尊厳を持って接しなくてはならない。

（第4章第12節）

人にものを教えるときの生徒に対する態度、そして仲間に対する態度、主人に対する態度、全てこれ神に対する態度と同じ尊厳を持って接しなくてはならないという気持ちを持てということである。先生だからと生徒を殴ったり、同級生だからとイジメたり、というのはユダヤ的ではない。

物事を学ぶときには特に注意しなければならない。間違ったことを学んでしまっては結局、故意に悪事を働いたと同じことになってしまう。人にものを教えるときには特に注意しなくてはならない。間違ったことを教えてしまっては意図的に悪事を働いたのと同じことになってしまう。

（第4章第13節）

ヘブライ聖書もエシックス・オブ・ファザーズも、善悪の境界線を教えているのである。それ故、間違ったことを学んだり、教えたりすることは、善悪の判断がつかなくなることに繋がると言っているのである。

さて、ユダヤ人の家に行くと、たいてい本でいっぱいだ。父、母、そして子供達の部屋にも、大きな本棚に、様々な本が詰まっている。

そして、本の読み方も非常にユニークだ。子供がある事柄を知りたがる。もしくは、疑問を持ったとする。その疑問や問いを親は大切にする。そして、本を買ってきて、その疑問について家族みんなで調べ、議論を始める。家族議論が勉強の中心なのである。

いい答えがなかったら、新しい本を買ったり、家族で図書館に向かったりする。そしてまた、「本の示すことは正しいのか」という批判精神を持ちながら、本を読む。こうした本の読み方は、「問い続ける」ユダヤ式教育が反映したものだ。

言うまでもないことだが、本を読むことは、教育上多くのメリットがある。本好きな子供は、知的能力が伸びる。先人の知恵を学び、必要な情報を手に入れる自習の習慣がつく。自国語の読解能力が高まり、それに伴って表現能力も高まる。そして、自ら疑問を本によって解決しようとする思考能力も高まる。過去の偉人達と書物を通じて対話もできるのだ。

そして私自身の経験や、教育コンサルタントとして子供達を見てきた経験からすると、読書の習慣は、確実に人生を実り豊かにする。読書は楽しいものだ。その喜びを幼い頃に知ると、生涯にわたって、本を読み続けることになる。こうした読書の効用は枚挙にいとまがない。幼い頃から、テレビ、ゲーム、さらにはスマホとＬＩＮＥに囲まれて過ごす子供と比べると、学力でも、人間性でも、優れたものになることは確かだろう。

それでは、なぜユダヤ人は本好きになるのだろうか。「本好きですね」と問うと、誰もが「私達ユダヤ人にとっては、家にたくさんの本のあることが当たり前なのです」と答える。

ユダヤ人は小さな頃からトーラーを読む教育を受ける。聖書は子供にとっては難しい面もあるが、親が無理に教え込むのだ。

幼児の頃から、子供にとっては難しい内容を含む聖書を読む。その結果、ユダヤ人には分厚い本、難しい本を読む抵抗感がなくなり、活字が身近になる。そして読書の習慣がつき、子供達が本を好きになっていく。そして、読書によって新しい世界を知ることが楽しくなる。そして人生を豊かにしていく。

ユダヤ人は聖書を大切にすることから「啓典*註の民」と自称する。同時に、自らを「読書の民」とも言う。

ちなみに、子供に大量に本を読ませるユダヤの習慣とアメリカの学校教育の特徴は、とてもよく似ている。アメリカではエリート校と呼ばれる学校に加えて、普通の学校でもかなりの量の本を読ませる。一流校では、大げさではなく初等・中等教育で100冊程度の本を課題として出される例もある。

一方、日本で小中学生の親に聞くと、「学校からの課題図書ゼロ」の例を聞いたことがある。0対100の差は、子供の成長に大きな格差を生んでしまうだろう。

＊註　至高の神の言葉を記した書物。

どう考えても悪人が経済的に豊かな生活を送れるということはないし、同時にどう考えても行いの正しい人が不幸な目に遭うということもあり得ない。

（第4章第15節）

とは言うものの、現実社会では、〝悪人が栄え、善人が滅びる。悪人が楽をし、善人が苦労する〟ということがしばしば見られる。

しかし、ここでは、だからといってそうであろうと考えることをやめてはならないと言っているのである。つまり、悪人が栄えるからといって悪人になろうとするな。善人でも不幸になるから善人であるようにするのをやめようとはするな。そういうことは例外中の例外であり、通常、神は許されないのだということを言っている。

最後の審判で神は悪人を見逃さないし、善人を必ず祝福される。神の審判では必ず悪人は処罰され、善人は祝福される。なぜなら、神は、人々の行いの全てを克明に記録されて、一人たりとも見逃されることはないからだ。

人に挨拶をするときには誰よりも真っ先に挨拶せよ。

（第4章第15節）

ということは、例えば、グループで誰かに会ったときにグループのなかで一番偉い人から順番に挨拶するというのが日本的なマナーだそうだが、それでは経済的な成功は覚束ない。相手に覚えてもらうためには真っ先に挨拶をしなければ相手に覚えてもらえない。例えば、社長と常務と課長と平社員とが取引先の社長のところに挨拶に行ったときに、自分の会社の社長よりも真っ先に取引先の社長に微笑みかけて挨拶をするぐらいの度胸がなければ経済的な成功は覚束ない。日本的なマナーあるいは日本的な心情から言えば、自分の会社の社長よりも先に挨拶することは自分の会社の社長に対して失礼かもしれないが、ユダヤ社会ではそんなことはお構いなしである。

キツネの群れの先頭に立ってはいけない。むしろライオンの尻尾になれ。

よく「鶏口《けいこう》となるも牛後《ぎゅうご》となるなかれ」と言うが、ユダヤでは少し違う。ここで言っていることとは、まわりが弱い人間だからといって「俺が、俺が」と先に出てはいけないということ。そのような弱い人間の先頭集団のトップに躍り出るくらいならば、むしろ強い人間の後ろのほうに付いていったほうが良いということだ。

要は、自転車競技でもマラソン競技でも集団の先頭というのは風当たりが強い。抵抗を受ける。それよりも強いライオンの後ろに隠れていったほうが良いという生活の知恵だ。

これもユダヤ人のような迫害を受けてきた者が、経済的に安定し成功するための生活の知恵だ。

ビジネスでもそうだ。マーケット・シェアを気にする。順位を気にする。従業員の数の多さを比べる。しかし、マーケット・シェアが一番になることも、従業員の多いことも、かえってリスクが多いとユダヤでは考える。ユダヤでは、人と同じことをして順位を競うより、人と違うことをしようとする。だからスタートアップがユダヤ人には圧倒的に多い。まだ世界の誰もがやっていないことをやろうとする。

トヨタ自動車はマーケット・シェアで世界1、2を争う。しかし非常に近い将来、トヨタの利益は今の何十分の一の大きさに急速に悪化していく。売上高はいくら膨らんでも利益はどんどん萎んでいく。その日はもう目前に迫っている。それはなぜか。世界の誰もがやっていない自動運転の技術を真っ先に取り入れなかったからだ。

自動運転の技術は結局、自動車に積まれるCPU、Micro Processor、人工知能に最もコストがかかることになる。今のパソコンと同じだ。結局CPU、Micro Processor、人工知能を制する者が世界の自動車販売の利益の大半を手中に収めることになる。それがインテル（Intel）であり、インテルが買収したモービルアイ（Mobileye）になる。トヨタ自動車は単に走る四輪の箱を製造するだけの会社になってしまう。つまり儲からない会社に急速になっていくだろう。

今住んでいる世界は、メシアが現れるまでの間、メシアが現れる世界へ通じる〝控えの間〟のようなものだ。だから控えの間にいるときには主宴会場に入ることができるように準備を怠ってはいけない。

（第4章第16節）

ここで言っていることは、自分達が今生きているこの世界というのはあくまでも〝控えの間〟であるから、そこが主宴会場だと思ってはいけない。従って準備を怠ってはいけない、ということ。

準備とはどういうことかと言うと、第一にトーラーの勉強、2番目にこのエシックス・オブ・ファザーズに書かれているようなユダヤ人としての守るべき義務、行うべき戒律を守って生きていくことを言う。

決して金持ちになることが準備ではない。なぜなら、神が主催する主宴会場では金持ちは相手にされない。善行を積んだ者が相手にされる。だから、ユダヤ人の金持ちは主宴会場に入る前に大口の寄附、多額のチャリティーを行うのである。チャリティーは善行の代表例だからだ。

今この現実に生きている世界において一瞬でも懺悔をし、1つでも善行を行うならばそれはメシアが訪れる来たるべき世界よりも偉大なことである。
しかしである。メシアが訪れる来たるべき世界における一瞬の至福は、今のこの世界の全てよりも偉大なことである。

（第4章第17節）

ここで言わんとしていることは結局、現実に生きている世界において善行（寄附・チャリティー）を重ね、もし悪事を働いたならば日々それを懺悔することが重要であるということである。

人の怒りが頂点に達しているときにそれをなだめようとしてはいけない。家族の遺骸がまだ横たわっているときにその家族の者をなぐさめようとしてはいけない。ある人間が誓いを立てたときにすぐにその誓い通りのことを要求してはいけない。ある人間が坂道を転がり落ちているときに無理矢理会おうとしてはいけない。

（第4章第18節）

ここで言わんとしていることは〝物事にはタイミングがある〟ということ。

特に慰めようとしたり、なだめたり、同情の気持ちを示そうとしたり、相手がマイナスの感情を持っているときは声をかけるタイミングが非常に難しいということを言っている。場合によっては逆効果になるからである。

特に家族の死に直面しているときとか、会社で左遷降格に遭ったときとか、仕事がうまくいかなかったときとか、何かのことで怒り狂っているようなときに、その人間にどのような言葉を、どのタイミングで、いつ掛けるかということは非常に難しい。その生活の知恵をここで教えている。この点のうまい人は昔日本にも存在した。田中角栄という人だ。

敵が破れ、滅びようとしているときに喜んではいけない。憎たらしい相手が躓《つまず》いたときに心を喜びにまかせてはいけない。そのようなお前を見ると神は悲しまれる。敵が滅びていったり、敵が陥落したり、敵が敗残したり、敵が躓いたりしているのを喜んでいるお前を見て、神はむしろお前のほうに怒りを向けることになるかもしれないからである。

（第4章第19節）

同じことはヘブライ聖書のプロバーブ第24章第17節、18節に書かれている。ここで言っていることは敵が敗退していけばそれで十分ではないか、何も喜ぶ必要まではない。そのような心の卑しさを神は咎《とが》められるというのである。

無論、戦いの勝ち負けは重要である。しかし相手が負けたからといって喜ぶという心の動きを神は好まれない。

ビジネスにおいても勝ち負けは重要であるが、負ける相手を見て喜ぶ心を持ってはいけない。事業の勝ち負けは、経営者の才覚で決まるのではない。神がそうされているだけなのだから。

小さいときからトーラーの勉強を始めるのは何に例えられるか。新鮮な紙にインクを垂らすことに例えられる。歳をとってからトーラーの勉強を始めるのは何に例えられるか。使い古した紙にインクを垂らすようなものである。あまりにも若い人間からトーラーの勉強を教えられるのは何に例えられるか。熟していない葡萄、寝かせていないワインを食べたり飲んだりすることに例えられる。歳をとった人間からトーラーの勉強を教えてもらうことは何に例えられるか。熟した葡萄、十分寝かせたワインを食べたり飲んだりすることに例えられる。

（第4章第20節）

ここで言っていることは、トーラーの勉強を始めるのは若ければ若いほど良いが、トーラーの勉強を教えてもらう先生は、ある程度歳をとった人のほうが良いということである。やはり経験者のほうがそれだけトーラーのことを理解している。

しかし、歳をとってからトーラーの勉強を始めると内容がすんなりと頭のなかに入ってこない。これは何もトーラーの勉強だけでなくあらゆる物事に共通して言える。

何事も幼いときから勉強を始めるのが良い。そして先生はある程度歳をとった人のほうが良い。

入れ物を眺めてはいけない。むしろそのなかに何が入っているかを見なければならない。いくら入れ物が新しくてもそのなかに古くなった腐ったワインが入っているかもしれない。いくら入れ物が新しくてもワインすら入っていないこともある。

ここで言っていることは意外と当てはまることが多い。人は外見や服装でその人の中身を判断してしまう。

人はその人間がどの会社で働いているかということでその人間の価値を判断してしまう。

有名会社か無名会社か。人はその人間がどんな街に住んでいるかということだけでその人間を判断してしまう。金持ちの住む街か貧乏人の住む街かで人を判断してしまう。金持ちかどうかで偉い人だと思ってしまう。○○会社の社長だから立派だと思ってしまう。

しかし、神から見て人の価値というのはその善行の多寡にあり、服装や家や住んでいる地名や乗っている車や会社ではない。悪人ほど金にまかせて立派な洋服を着て、立派な家に住み、人の憧れる街に住んでいることが多い。善行の多い人ほどみすぼらしい洋服を着てみすぼらしい家に住んでいることが多いとユダヤでは考える。

ジェラシー、妬み、嫉《そね》み、情欲、淫欲《いんよく》、性欲、そして名誉欲、野望、こういうものがお前をメシアが訪れる理想の世界から遠ざける。

（第4章第21節）

ジェラシーとか情欲とか野望というものは、この現実の世界で人を成功に導く原動力とならないうえに、メシアが訪れる永遠の世界からはそういう人間をますます遠ざけていくということを言っている。

そして何度も言っている通り、ユダヤ人というのはこのメシアが訪れる〝永遠の理想の世界における幸せ〟こそ求めなくてはいけないものと考えているのである。

従ってこの世における〝金持ち〟ということと〝永遠の理想の世界における幸せ〟とは別物であるとユダヤ人は考えている。

重要なことは、〝メシアが訪れる世界における幸せ〟であり、この世における〝金持ち〟になることではない、とユダヤ人は考える。

しかし逆に、だからといって生きているときに貧乏であって良いとは考えない。しかし、金持ちを妬み、ジェラシーを持つことは最もいけない。神は、ジェラシーを持つ人間を嫌われている。自分なりに善行を積む人間を好かれる。


生まれたものは必ず死ぬ。そして死んだものは生き続ける。生まれたものは必ず神の審判を受ける。生まれたものは必ず、神こそが創造主であり、神こそが秩序を作られたのであり、神こそが唯一の解釈権限者であり、神こそが唯一の判事であり、神こそが唯一の目撃者であり、神こそが唯一の訴追者であり、神こそが裁判官であるということを、学び思い知ることになる。

神には過ちもなければ、忘却もなければ、えこひいきもなければ、賄賂《わいろ》もない。全ては神の計算通りに審判が下る。従っておめおめと〝墓場に逃げていけばいい〟などと考えてはいけない。なぜならばお前の意図に反してお前は創られたのであり、お前の意図に反してお前は生まれたのであり、お前の意図に反してお前は生きているのであり、お前の意図に反してお前は死ぬのであり、お前の意図に反してお前は審判を受けるのであり、お前の意図に反して神の前で責任を裁かれるのである。

（第4章第22節）

全ては神の意図であり、全ては神の審判が下るのである、従って、こそこそしたり抜け駆けをしたり、不正な利益を得ようとしたりしても結局は全て神が見ておられ裁かれる、ということを言っている。ユダヤ人はこのように考えて何が経済的な成功かをまず考えるのである。

特に、生まれたいと思って生まれてきた者は誰もいないというのは絶対の真理である。そうとすれば、あるときに生まれてきた人が経済的に成功しているのも、能力があったように見えるが実はその時代、その年代、その時間、その瞬間に、その土地に生まれてきたから、その時代のその土地で成功したのであり、それは神の行為であるから、成功したから自分が偉いのだと思い込んで間違ったことをすると神の審判を受ける、そのことにおいては同じであると考えるのである。

この世界は神の10個の言葉から作られている。

このことは我々に何を教えるのか。

ひとつは言うまでもなくこの世界を創られたのは神のたった一言ではないということである。

10の神の言葉で創られたということは、悪しき者達がこの世界を破壊しようとしても簡単にはできないし、必ず処罰されるということである。

そして、この世界を栄えさせようとする善き人間は必ず神

の祝福があるということである。

（第5章第1節）

ユダヤ教の教義では天地創造は神の言葉によって行われたと信じられている。ビッグバン理論のことをユダヤ教は否定するものではない。ユダヤ教ではビッグバンそのものが神の言葉によって始まったと考えている。それがユダヤ教の教義である。現代の物理学は何によってビッグバンが始まったかは解明していない。

しかもビッグバンは神の一言ではなく10の言葉で始まった。従って悪しき者は1つの言葉ならまだしもその10の言葉を全て破壊はできない。

従ってこの世界というのは悪しき者どもによって簡単に崩すことはできないし、またこの世界をより善きものにしようとする行いの正しい人間に対しては、神は必ず報いられるということである。これがユダヤ人の経済生活の原則になっている。

常に神が創られたこの世の中の秩序を破壊しないようにユダヤ人はビジネスを行う。その秩序とは、善であるか悪であるかという2大対立概念で決められ、善なるものが神の秩序であるとされる。

そして善なるものが何かということについては、ユダヤ人が守るべき６１３の戒律及びそれを噛み砕いたエシックス・オブ・ファザーズにその行動基準が全て書かれているのである。

アダムとイブのアダムからノアの方舟のノアまで10世代である。その10世代の間、神は怒りを堪《こら》えられていた。1世代目も2世代目でも3世代目でも神は怒りを堪《こら》えられていた。そしてついに神の怒りに触れたのがノアの方舟の大洪水であったのである。
かくしてノア一家だけを助けられ、その他の全人類は溺れ死んだ後、ノアから第一号のユダヤ人のアブラハムまでまた10世代、神は怒りを堪えられたのである。
ノアの子供達、ノアの孫達、またその子供達と神の意向に沿わない人間達が続いた。そして初めて神はアブラハムを見出され、彼に全ての祝福を与えられた。

（第5章第2節）

このことは何を教えているか。我々人間、特に現代人はどうも世代を重ねるごとに神の意向に沿わなくなっていくようである。経済発展だとか便利さの追求などというものが先に立ち、アメリカ・ファーストだとわざわざ神が地下深く埋められた化石燃料を地上に戻して燃やし、やれＧＤＰだ、やれ株価だと騒ぎたてることばかりをし、戦争は絶えることがなく、爆弾を落とし人々は殺し合い、森林を破壊して田畑牧場にし、神が創られたこの地球、そしてこの宇宙を破壊しようとする行動に走ることばかりである。よほど注意しておかないとまた10世代経ったときに神は怒りを爆発させられるであろう。

神は徐々に怒りを露わにされることはなく、いきなり怒りを大爆発させられるであろう。そのとき人間はどうすることもできない。

賢人と無作法者、賢人と粗野な人とを区別する7つのものがある。

賢人は自分よりも賢い人、あるいは自分よりも年上の人の前で軽々しく喋ったりはしない。

賢人は人の話を聞くときに言葉を遮ったりはしない。

賢人はすぐに物事に答えようとはしない。

賢人が質問を発するときには常に的を射た質問であり、賢人が答えるときには常に答えは的確である。

賢人が答えるときには最初に聞かれたことから答える。後で聞かれたことは後で答える。賢人は自分が聞いていないことには正直に「聞いていません」と答える。賢人は真実に対して謙虚である。粗野な人間は以上全て反対である。

（第5章第7節）

これは賢人というより金持ちになるためには、と言い換えても良い。注意しなければならないことは、賢人（方法論を知っているため金持ちになれる人）は必ずしも善人ではないということだ。善人は賢人（金持ち）であることもあるが、いつもそうだとは限らない。しかし、この世で良い思いをするには賢人と言われたほうが良いのは確かだ。

この世の中には7つの重罪がある。チャリティーに応じる人とチャリティーに応じない人。チャリティーをする人には飢えが訪れることはない。チャリティーをしない人には飢えが訪れる。チャリティーをする人には常に食物が豊かに実る。チャリティーをしない人には飢饉《ききん》が訪れる。チャリティーをする人には豊かな実りが訪れる。チャリティーをしない人には飢餓が訪れる。人と食べ物を分けない人、人に食べ物を分け与えない人には飢えと飢餓が訪れる。公の職務にある者が賄賂を取るならば正義の刃《やいば》がその者に下ろされる。なぜならば、そのような者はトーラーを間違って解釈しているからである。

（第5章第8節）

賢人（方法論つまりウィズダム〔wisdom〕を知っているため金持ちになれる人）はチャリティー（寄附、社会貢献、社会奉仕、貧者救済）に徹しなければ単なる愚人だ。金持ちはチャリティーを実行しなければ重罪人となる。金持ちになるということは賢人になるということだ。賢人はチャリティーを行う人でなければ単なる金持ちに過ぎず、金は神がいつでも奪うことができるだからだ。ここで「人」というのは「会社」「団体」を含む。

フェイスブックの創業者マーク・ザッカーバーグは、ニュージャージー州のニューアーク（Newark）の公立学校に１００億円の寄附を、また主に教育及び健康、公衆衛生に色々ドネーションを行っているシリコンバレー・コミュニティー・ファンデーション（Silicon Valley Community Foundation）に５００億円の寄附を行っている。ザッカーバーグによれば、彼はフェイスブックの上場権益の大半をこうした寄附に充てる予定であるという。

世の中には4つのタイプの人々がいる。

1番目のタイプは「私のものは貴方のもの、貴方のものは私のもの」というタイプである。

2番目のタイプは「私のものは私のもの、貴方のものは貴方のもの」というタイプである。

3番目のタイプは「私のものは貴方のもの、貴方のものは貴

方のもの」というタイプである。そして最後のタイプは「私のものは私のもの、貴方のものは私のもの」というタイプである。

（第5章第10節）

エシックス・オブ・ファザーズではこのそれぞれの類型の人間について次のような評価をしている。

まず1番目のタイプの人間は、そもそもなぜ他人のものと自分のものとを交換しなければならないのか、そこが分かっていない。意味のない混乱を招くだけだ。「私のものは貴方のもの、貴方のものは私のもの」とするならば、もし自分の持っているものが大したものではなくて、他人の持っているものがものすごく高価なものだったら一体どういうことになるのか。これは考えただけでもおかしなことである。従って、こういうことを言うのはそもそも無作法で礼儀知らずだというのである。

次に2番目の類型の人間は、他人のものは他人のものだ、それをくれなどと言わないし、交換しようなどとも言わない。その代わり自分のものは自分のものだと言うのであるから、しごく当たり前のことである。ごく普通の人ということになろうか。近代民主主義の類型である個人主義となろうか。

次に3番目の類型は、自分のものまで人のものだ、人のものは人のものだと言うから、要するに自分というものがない。自分のものがまったくないという考え方だから、これは非常に宗教的で崇高《すうこう》で高邁《こうまい》な、そして信心深く敬虔《けいけん》な人である。しかし現実にはこのような人はなかなか存在しない。

そして最後の類型、「私のものは私のもの、お前のものは私のもの」と言うのだから、人のものも含めて全て自分で独り占めしようというタイプの人間だ。これは最も悪徳で欲深く、悪魔のようなタイプの人間である。

ここで多くの方は当惑されるだろうが、エシックス・オブ・ファザーズではこの4つのタイプの人間のなかで最も中庸《ちゅうよう》の、最も普通のごく当たり前だと形容されている近代民主主義の「自分のものは自分のもの、人のものは人のもの」というタイプの人間はソドム人の性格だと言うのである。

ヘブライ聖書のなかでのソドムの説明をしておくと、ソドムというのは酒池肉林《しゅちにくりん》に明け暮れた異常な人々の集まる街で、神が怒りの炎でことごとく殲滅《せんめつ》されたという街である。そのソドム人の性格だとエシックス・オブ・ファザーズは形容しているのである。

どうしてごく当たり前の「人のものは人のもの、俺のものは俺のもの」が酒池肉林に溺れる異常性愛者のソドムの街の人間の特色だと言うのであろうか。この「俺のものは俺のもの、人のものは人のもの」という、まるで現代民主主義と現代の全ての国々の見本となるような憲法の規定であるにもかかわらず、ユダヤ教はなぜこれをソドム的だと言うのか。

一番大きな理由は、こういう考え方が人のことに関心を示さない、人の痛みを理解しない、つまり自分のものさえしっかり守ることができれば人がどんな目に遭ってもいいという考え方に繋がるからであろう。テレビで見る難民など不幸な人々の窮状を「ああ、自分でなくて良かった。気の毒だけれどもその人々のために寄附をする気はない」と思う人々の心に繋がるからである。進歩的と言われる人々には一見して社会的に寛容《かんよう》な主義主張を表明しながら、いざ自分の利益が侵害され制限されると大変怒りを露わにし、攻撃的になる人が多い。私の住む北欧の人々は、意外とそのタイプが多い。人のことは人のこと、自分のことは放っておいてくれというタイプの人々だ。

これはユダヤ教が最も重大なミツバ（Mitzvat）すなわち宗教的義務のひとつであると考えるチャリティー、社会貢献、社会寄進、慈善の寄附という考え方に背くのである。例えば難民救済のために多額の寄附をしない人々は難民を生む戦争の当事者と大して違わない。

人のことに口を出さないし関心を示さない。人のものをくれとも言わない代わりに、俺のことは放っておいてくれ、俺から差し出すものは何もない、俺は犠牲になるのは真っ平だ、という考え方だ。この考え方を突き詰めていくと、ソドムの人間のように自分の欲望と自分の性欲だけを突き進めていく人間になるからである。

世の中には4つのタイプの気質の人物がいる。

1番目の気質はすぐに怒るがすぐに怒りが収まるというタイプ。

2番目のタイプは物事に怒りを感じない。しかしいったん怒り出すとなかなか収まらないタイプ。

3番目はそう簡単に怒らないし怒りをなかなか感じないが、よほどひどいことに怒りを感じてもすぐに収まるタイプ。

4番目はすぐに怒りを感じ、そしてなかなか怒りが収まらないタイプである。


1番目のタイプの人間は、そのすぐに怒るという欠点をすぐに怒りが収まるという長所でカバーしている。

2番目のタイプの人間は、その長所を欠点が上回っているタイプである。

3番目のタイプの人間は、非常に聖なる高潔なる、そして敬虔なる人物である。
4番目のタイプの人間は、悪者であり、不徳な人間であり、悪魔のタイプである。

（第5章第11節）

ユダヤ人で金持ちになることのできる順番は、「3→1→2→4」である。

なかなか物事に怒りを感じないし、仮にどうしても怒ることがあってもすぐに怒りが収まるタイプが一番ビジネスには向いているし、金持ちにもなる。

1番目のタイプは3番目ほど金持ちにはならないが、しかしそこそこ失敗はしない。

残り2つのタイプは儲からない、むしろ損をすることが多い。怒りは金儲けの邪魔になるとユダヤでは教えられている。

世の中には4つのタイプの学生、生徒がいる。
1番目のタイプは、理解は早いがすぐに忘れてしまうタイプ。
2番目のタイプは、理解に時間がかかるけれどもいったん理

解するとなかなか物事を忘れないタイプ。

3番目のタイプは、すぐに物事を理解し、そしていったん理解するとなかなか物事を忘れないタイプ。

4番目のタイプは、なかなか物事を理解しないし、理解してもすぐに忘れてしまうタイプ。

1番目のタイプはその長所がその短所を補っているタイプ。

2番目のタイプはその短所がその長所を帳消しにしているタイプ。

3番目のタイプは一番良い。

4番目のタイプは一番悪い。


（第5章第12節）

ユダヤ人で経済的に成功するのは「3→1→2→4」の順番になっているようだ。だからユダヤ人は早く理解することを一番と考える。早く理解するためにユダヤ人はどうするか？　相手を質問攻めにするのである。だから、ユダヤ人は質問好きなのだ。

日本では「1を聞いて10を知れ」と言われる。それが頭の良い子だと教えられる。ユダヤ人は「1000を聞いて100を知る」と言われる。日本人は「察しが良い」のにユダヤ人は「察しが悪い」。しかし、よく比べるとこうだ。日本人は1しか質問しない。その結果、10しか知らない。ユダヤ人は日本人の1000倍も質問する。その結果、日本人の10倍も知る。まことに対照的である。

また、ユダヤには「1回道に迷うよりも100回道を聞いたほうが良い」という格言がある。「ぶち当たってから引き返せば良い」という考え方をユダヤ人は持たない。「迷うことなく、毎日少しずつ、着実に計画通り進め」というのがユダヤの生き方なのである。


チャリティーや寄附を行う人のタイプに4つのタイプがある。

1番目は寄附やチャリティーをしたがるけれども、他の人間が寄附をすることを嫌うタイプ。

2番目は他の人間が寄附することを望むが、自分は寄附をしたいとは思わないタイプ。

3番目は自分も他の人間も寄附をするべきだと考えるタイ

プ。そして実際にそのようにするタイプ。

4番目は自分も他の人間も寄附はするべきではないと考えるタイプ。

さてこの1番目のタイプは、妬み、嫉みが強いタイプ。なんでも自分だけがというタイプである。

2番目のタイプは、何事にも出し惜しみをするタイプ。

3番目のタイプは、最も敬虔で聖なる人のタイプ。

4番目のタイプは、慈悲心のない自分勝手な人の痛みが分からない悪徳の悪者である。


（第5章第13節）

2番目は4番目と同じぐらい悪者である。1番目はどちらかと言うと善人である。ただし他人が寄附するのを邪魔しなければ。

図書館に行く人間のタイプに4つのタイプがある。
1番目のタイプは、図書館には行くけれども何も勉強しないタイプ。
2番目のタイプは、図書館には行かないで勉強をするタイプ。
3番目のタイプは、図書館に行って勉強をするタイプ。
4番目のタイプは、図書館にも行かないし勉強もしないタイプ。

1番目のタイプは、少なくとも行くということにおいては神の恵みがある。
2番目のタイプは、少なくとも勉強をするということにおいては神の恵みがある。
3番目のタイプが最も聖なるタイプである。
4番目はどうしようもない落伍者のタイプである。

（第5章第14節）

ユダヤでは、コミュニティーで勉強することを一番と考える。一人で勉強するのはあまり良くない。この伝統が西洋に引き継がれ〝スタディ・ホール〟という制度が今でも欧米の学校にはある。スタディ・ホールとは生徒全員が自習室で一緒に自習する制度のことである。

賢人の前に歩み出てきて学ぼうとする人間に4つのタイプがある。スポンジのタイプ、ジョウロのタイプ、こし器のタイプ、そしてふるい器のタイプである。


スポンジのタイプはなんでも吸収する。

ジョウロのタイプはなんでも吸収するように見えて、実はその先で全部吐き出してしまっているタイプ。

こし器のタイプは不要なものだけを溜めてしまい、重要な上澄《うわず》み液を逃してしまうタイプ。

ふるい器のタイプは粗い粉を拒絶するけれども、細かい粉は

キチンと掬《すく》いあげていくタイプ。

なんでも吸収するのが一番いいように見えるが、実はなんでも吸収するということは消化不良を起こす。

ジョウロのタイプは結局水のダダ漏れになっているから何も吸収しないタイプ。

不要な堆積物だけを溜め込んでいくのは最も悪い。

結局ふるい器のタイプ、目の粗いものは放り出してしまい、目の細かい粉だけを掬い取っていく、これが一番効率的な人間の賢人から学ぶ方法である。

（第5章第15節）

ビジネスにおいて成功するには取捨選択が重要である、という教えである。

入社試験の成績が良い頭の良い学生は、こし器やスポンジのタイプが多い。だから会社にとって採用してしまうと害悪になる。よほど注意しないとジョウロタイプの学生ばかりを採用してしまう。面接で模範回答するような生徒はその場限りの演出がうまいタイプだからジョウロタイプである。

しかし、企業の人事は、ふるい器のタイプを不採用にすることが多い。ふるい器のタイプは一見〝くせ〟があるからだ。会社の人事から見ると〝使いづらい人間〟に見えるからだ。


世の中には2つのタイプの愛がある。

物で結ばれている愛、物では結ばれていない愛。

物で結ばれている愛はその物がなくなったときに終わる。

物で結ばれていない愛は決して終わることがない。

それでは物に結ばれている愛というのはどんなものがあるか。アムノンのタマールへの愛である。

物で結ばれていない愛はどんなものがあるのか。ダビデの愛であり、ジョナサンの愛である。


（第5章第16節）

ユダヤでは、金持ちになっても物で結ばれた愛しかないのでは駄目だと教える。

ちょっと説明しておくと、アムノン（Amnon）とタマール（Tamar）の物語はサムエル書に出てくる。

タマールという娘はダビデ王の娘である。アムノンという男がこの娘をレイプするのである。アムノンはやはりダビデ王の母親を別とする子供である。2人は異母兄妹である。タマールは非常に美しい処女であった。アムノンはタマールに一目惚《ぼ》れをしたのである。アムノンは女性にどう近づいていいのかまったく分からないうぶな男の子であった。

悪い友達がアムノンに一案を授けた。食事を一緒にしたいと言えばどうか、というのである。そこで食事の用意をしてタマールが家に持ってきたときに強姦をしたのである。

ジョナサン（Jonathan）とダビデ（David）の友情というのは、これまたサムエル書に出てくるが、物で結ばれたものではなく心と心で結ばれた友情であった。

ジョナサンとダビデの男同士の愛は西洋社会で非常に有名な物語であり誰でも知っている話であるが、ここで紹介しておくと、ダビデはユダヤの一支族ジュダ（Judah）のプリンスであり、後にイスラエル王国の王となる。かたやジョナサンはイスラエルの一支族ベンジャミン（Benjamin）部族の王家の息子であった。従ってダビデとジョナサンとはイスラエル王国の王の地位を争うライバルであったが、ダビデとジョナサンとは男同士の堅い友情で結ばれていたと言われている。男同士のホモ・セクシャルを禁じるユダヤの一員として、この2人はいわば人類史上初の男同士のプラトニック・ラブの関係であった。

ダビデが最終的には王となったものの、この2人は男同士の堅い友情で結ばれていた。

その友情の証はジョナサンの死後、身体障害者であったジョナサンの息子をダビデ王がその内閣の一員の地位に取り上げて優遇したのである。

ちなみに、このジョナサンとダビデの男同士の友情の物語と同じくらい西洋で有名なのが、ローマ皇帝ハドリアヌス＊註（Hadrianus、英語ではヘイドリアンと言う）とギリシャの若い男性アンティノウス（Antinous）との、いわゆるホモ・セクシャルの物語である。

ハドリアヌスの治世中にその最愛の寵児《ちょうじ》アンティノウスがエジプトのナイル川で溺れ死んだのであったが、ハドリアヌスの悲しみは異常なものであった。

ハドリアヌスの時代にローマ帝国はイギリス、そしてドイツ、北アフリカにまで領土は広げたが、ハドリアヌスはその業績よりもむしろ、アンティノウスを神格化し、彼の銅像をローマ帝国中に建てさせその死を悼むという愚行を犯したことで有名である。

＊註　ローマ皇帝ハドリアヌスはユダヤ人に対しては極めて抑圧的な征服王であり、ユダヤ人のジュディア（Judea）地方の反乱を徹底的に鎮圧し、そのイスラエルの地方をシリア・パレスチナと命名したほどユダヤ人嫌いであった。

論争には2つの種類がある。ひとつは神の目的を達成するために両方が論争するものと、もうひとつは神の目的ではなく自分達の利益のために利害が対立し論争する場合である。
前者の例は偉大なヘブライ学者ヒレル(Hillel)とシャマイ(Shammai)の間の論争である。いずれもヘブライ聖書の解釈をめぐる争いであり、神のための争いであった。しかし、コラ(Korach)とその仲間達の争いは神に反逆するための、利害の対立する個人達の間の争いであった。

(第5章第17節)

コラとその仲間達というのは、モーゼがシナイ山に上がって40日間神の啓示を受けるために降りて来なかった間に、麓に残されたユダヤ人達を扇動《せんどう》してモーゼに反逆するように謀議をこらした者達、首謀者コラとその仲間達のことを言う。神はお怒りになってコラとその仲間達を全部、地球の割れ目に放り込まれて殲滅《せんめつ》されたのであった。

コミュニティー全体に善をもたらした者がいるコミュニティーはその一人の者の行いによってもはや処罰されることはない。コミュニティー全体に悪をもたらした者は、懺悔する機会はもはや与えられることはない。そのまま神の審判を受けなくてはならない。モーゼはユダヤ人コミュニティー全体に善をもたらした。よって、コミュニティーの善はモーゼに帰属する。（デュートロノミー第33章第21節）ところがネバト（Nebat）の息子のヤラベアム（Jeroboam）はコミュニティー全体に悪をもたらした。従ってコミュニティー全体の悪は彼に帰属する。

（第5章第18節）

結局、商売をするときでもコミュニティー全体のことを考えて商売をしなれば駄目だということを教えている。自分が悪をしでかしたら、いくら商売で金儲けをしてもコミュニティー全体が神によって処罰されるようなことになる、ということだ。

日本でもよくあるが、ひとりの社長が悪に手を染めると会社全体の浮沈に関わってくるということだ。

日本の政治指導者が悪に手を染めれば、日本全体が神により処罰されることになる。ひとりでも悪者がいると全体の処罰を招く。


以下の3つの特徴を有する人間は我々の偉大な父アブラハムの弟子だ。しかし、反対に次の3つの特徴を有する者はあの悪人バラム(Balaam)の弟子だ。

アブラハムの弟子と言える3つの特質とは、善悪を判断する確かな目、そして従順な資質、最後に謙虚な魂。

しかし、あの悪人バラムの弟子は悪を引き寄せる目と横柄な精神と、そして粗野な魂を持つ者である。

アブラハムの弟子とバラムの弟子の違いは何かと言えば、アブラハムの弟子達と言える人達はこの世界に善をもたらし、そしてメシアが訪れる世界を体現する者であるが、これに

対してバラムの弟子達は煉獄《れんごく》に苦しみ、地球の地下深く落ちていく。彼らは寿命の半分も生きられない。

（第5章第19節）

ビジネスで成功する者もアブラハムの性質を持つ人だ。

神の意思をこの地上で実現するためには豹《ひょう》のように勇敢で、鷹のように颯爽《さっそう》と、鹿のように駆け、ライオンのように力強くなくてはならない。煉獄に落ちないように決然とし、天国に上がるにはおずおずとしなければならない。

（第5章第20節）

正義の実現のためには力強く、迅速に勇気を持って、ライオンのように、鹿のように、鷹のように、そして豹のように行動しなければならないということである。

ユダヤ人にとって、金儲けと正義が対立するときは、正義が優先する。そのときは決然と力をもって行動する。

ユダヤにとって正義とは世間ではない。世間つまり社会と正義とは違う。ユダヤ人の正義は神の正義であり世間の正義ではない。

痛みのあるところに果実あり。

（第5章第22節）


これはユダヤ教の根本的な教えであり、まず人に施さなくてはならない、まず人にチャリティーを与えなくてはならない、まず人に自分の持っているものを差し出さなければならない、そうしなければ自分には何も返ってこないという考え方である。「No pain, no gain」という諺《ことわざ》があるように、最初に犠牲ありきである。

ユダヤ人の商売もこの原則に従って行われるならば必ず経済的には報われる。Take and give では駄目だ。Give が先だ。

5歳まではモーゼ五書の勉強、10歳まではミシュナー（Mishnah）*註1の勉強、そして13歳まではミツバ／ミツボ

(Mitzvot)＊註2の勉強である。そして15歳まではタルムード＊註3の勉強である。そして18歳になれば結婚をし、20歳になれば生活の糧を求めて手に職を付け、30歳になれば金を稼げる力を得るように努力し、40歳になれば物事の理解を深め、50歳になれば人にものを教えられるようにし、60歳になればまわりのコミュニティーから賢人と言われるようになり、70歳になれば老人と言われようとも活動し、80歳になれば人に影響を与える力を持ち、90歳になれば少しは背をかがめ、100歳になればやっと死んでも良い。

（第5章第22節）

これは還暦、古希、喜寿、米寿云々というのとはかなり趣が違っていることに注目すべきである。ユダヤでは、100歳で死ぬまではあくまでもコミュニティーとの関わりを前向きに持つということを要求している。100歳で死ぬまで、とにもかくにも同胞、仲間、社会に対する貢献、チャリティーを行う、これがユダヤビジネスの成功の秘訣である。

よくユダヤ人は死の瞬間まで働くと言われるが、これはこういうエシックス・オブ・ファザーズにも書かれている通りである。だからユダヤ人は親、子、孫、曽孫《ひまご》と四代ぐらい続くと皆大変な資産家になるのである。

基本的にユダヤ人は事業を親から子へ、子から孫へ、孫から曽孫へと受け継ぐことが基本である。アメリカの有名なホテル・グループ、ハイアットホテルアンドリゾーツも、ウクライナのキエフから逃れてシカゴに渡って来たプリツカー・ファミリー（Pritzker Family）が三代目で始めている。

プリツカー・ファミリーはキエフに住む貧しいユダヤ人であったが、ユダヤ人の迫害を逃れて1881年アメリカのシカゴに渡って来た。奥さんがナフタリ（Naftali）、そして夫がジェイコブと言う。

アメリカに渡って来てからはジェイコブという名前を変えてニコラス・プリツカー（Nicholas Pritzker）と称していた。そして勤勉と勉強を重ね数代で財をなした。

子供のルイス・プリツカー（Louis Pritzker）はノースウェスタン大学で医学博士号を取り、1902年弁護士資格を取得。3人の息子ハリー（Harry）、アブラム（Abram）、ジャック（Jack）もプリツカーが始めたPritzker and Pritzkerという法律事務所に入る。1920年のことである。そこで弁護士業の傍ら不動産投資を始めて財を為し、そして始めたのがハイアット・ホテルチェーンである。

プリツカー一族は勉強と勤勉というユダヤ人のレガシーを引き継ぐ者としてシカゴでは有名である。

＊註1　モーゼ五書には書かれていない口伝律法のことを言う。
＊註2　ミツボとはユダヤ人が行うべき善行、その他の日常的な義務のことを言う。
＊註3　モーゼ五書の解説書で、全37巻もある。

トーラーの勉強をトーラーのみを目的にする人間は祝福される。しかも神が創造されたこの全世界が彼にとって意味のあるものとなる。そのような人物は神の友であり、神が愛され、そして人々の友であり、神を喜ばせる者であり、人々を喜ばせる者となる。

トーラーがその者にますます人間味を与え、そしてトーラーを勉強する者は人間性に包まれ、畏敬を持って物事に接することができるようになり、そして善なる者、聖なる者、正義、真実、誠実に身を包まれ、悪からは遠ざかり、成果

に対して近づくことになる。

トーラーの勉強をする者は他の人に対して物事を教えることができ、他の人に対して知恵を授けることができ、他の人に対して理解と力を授けることができるようになる。

トーラーを勉強すれば自立と独立、そして規律を与えられるであろう。

トーラーを勉強する者は永遠に途絶えることのない泉となり、永遠に流れが途絶えることのない河となる。

トーラーを勉強する者は慎ましやかく、謙虚で忍耐強く、他人に対しても寛容になる。

トーラーを勉強する者は高みに登っていくことになる。

（第６章第１節）


だから、トーラーの勉強をすれば、経済的な成功が付いてくるのだ。

人から本の一章でも、あるいは本の一節でも、あるいは法律の一つでも、あるいは言葉の一つでも、あるいは文字の一文字でも教えてもらうことがあれば、教えてくれた人に対して尊敬の念を持って接しなければいけない。

イスラエルのダビデ王もアヒトフェル（Ahithophel）からはたった2つのことしか習わなかったが、ダビデ王はアヒトフェルをいつまでも「先生」、「師」、「我が友」と呼んでいたのである。

従ってトーラーからは学ぶことが山のようにあるわけだから、トーラーは貴方のマスターであり、尊敬の対象であり、それを生涯の友としなければならない。


（第6章第3節）

トーラーと共に生きなければならない。お前が食べるパンに塩をかけるように、お前が飲む水のように、そしてお前が眠る土地の上のように。
トーラーを所望し、トーラーを求めて進む。そうすれば、お前には幸せが訪れ、お前には善が訪れる。そしてメシアが訪れる世界においてお前は報われる。

（第6章第4節）

決して偉大になろうとするな。決して名誉を求めようとするな。トーラーの勉強をすればするほど結果的に自然にそうなる。王のような財産を望もうとするな。いかに貧しくともお前は王よりも豊かであり、いかに貧しくともお前は王よりも立派な冠を被っているのであり、お前の雇用主である神に対して忠実であれば、お前の仕事に対しては必ず報われる。

（第6章第5節）

トーラーはいかなる聖職者よりも偉大であり、いかなる王よりも偉大である。なぜならば、王は単に30の徳があれば誰でもなれ、聖職者は24の徳があれば誰でもなれる。しかし、トーラーは48の徳をそのなかに含んでいる。それは何か。

勉強すること。
よく聞くこと。そして言葉に表すこと。
心を理解すること。
敬意を払うこと。
物事を恐れること。
謙遜《けんそん》すること。
喜ぶこと。
聖なること。
賢人を敬うこと。

同僚と手を携えること。

生徒と議論すること。

心静かなること。

書物を勉強する、ミシュナー（口伝律法のことである）を勉強すること。そしてできるだけ、仕事、金儲け、利益追求などに没頭したり、気を使ったり。時間を取られたりしないこと。

人付き合いは最小限に留めること。

遊びも最小限に留めること。

惰眠も最小限に留めること。

ペチャクチャ喋るのも最小限に留めること。

ドンチャン騒ぎやお祭り騒ぎはしないこと。

怒りの感情をなかなか持たないこと。

怒りを感じるのが遅いこと。

良い心根を持つこと。
賢人に対しては忠実であること。
困難を受け入れること。
自分の置かれた場所を知ること。
自分が今持っている財産で満足すること。
自分が表現できる言葉に磨きをかけること。
調子に乗らないこと。
人から好かれること。
神への愛を持つこと。
人間への愛を持つこと。
貧しい人に施すこと。
正義を愛すること。
自分を抑制すること。
名誉を求めないこと。

勉強をするに当たり横柄にならないこと。
人に命令を出すことを躊躇《ちうちよ》すること。
人が困っているときに助けること。
人の善悪を判断するときに必ずその人の良い面から判断
すること。
人の善悪の悪い面を直してやろうとすること。
争いがある場合には平和的な解決を目指してやること。
勉強に深みを持つこと。
質問し、答えること。
勉強をするのは人に教えるためであると知ること。
勉強をするのは勉強したことを守るためであると知ること。
自分に教えてくれる人に対して幸福を祈ること。
教えるに際して正確であること。
何かを引用するときには必ず出展を明らかにすること。

人の言っていることを自分の言っていることとして言わないこと。

（第6章第6節）

ユダヤ人が経済的に成功する秘訣は以上の48の実践にある。ユダヤ人ですら耳の痛いことが多い。ユダヤ人ですら守れないことが多い。ユダヤ人ですらやっていないことが多い。

トーラーは偉大である。トーラーを勉強し守る者には長い寿命が与えられる。

トーラーを勉強し守る者にはメシアが訪れるときに甦る命を与えられる。（プロバーブ　第4章第22節）

なぜならばトーラーはそれを知る者にとっては命そのものであり、その肉体の悪いところを治してくれるものである。

トーラーはお前の身体を健康にする。トーラーはお前の内臓にとって薬になり、お前の骨の髄にとって薬になる。

トーラーはそれを信じ続ける者、しっかりと抱き続ける者にとっては命の木となる。

トーラーはそれを支え続ける人にとっては幸せの基となる。

トーラーはそれを支え続ける人にとっては頭に付ける優雅さの花輪となり、首飾りとなる。

トーラーはそれを身に付ける人にとっては栄光の冠となり、事実栄光を与える。

トーラーはそれを携える人の寿命を延ばし、その右手に長寿を、その左手に名誉と富を与えるものである。

トーラーはお前に対し長寿と平和な日々を約束する。


（第6章第7節）

このようにユダヤ人にとってはトーラーを勉強し、支え、守ることは、長寿と富と平和と優雅さと健康を約束されることになるというのである。

美しいこと、力強いこと、富があり金持ちであること、名誉があること、ウィズダム(wisdom)すなわち知恵があること、賢人であること、そして年寄りであること、そして子供であることは、善なることである。

歳をとっているということは美しさの象徴、すなわち美しさの王冠である。善なることのなかに見出されるからである。

そして若くて美しいということはひとつの力強さである。

そして賢人の輝かしさというのはそれぞれの年齢において見出される。

賢人の王冠というのはその賢人達の孫達のことを言う。

そして子供達の美しさというのはその父親達から来ている。

月も太陽も恥じ入る。なぜなら歳をとっているということは、それだけ輝かしいからである。

(第6章第8節)

ラバイ*註ヨッセイ(Yossei)というユダヤ教のある高僧が各地を旅していた。そのときにある男に会った。その男は、

「ラバイ様、どちらからおいでで？」

「わしか、わしは学者のたくさんいる街から来た」

「是非私の家に泊まっていっていただけませんか。泊まっていただくというよりもむしろ長く逗留《とうりゅう》していただきたいのですが。そうすれば、金銀財宝を差し上げられます」

「なになに、金銀財宝をわしにくれるとはどういうことだ。そんなことをされるなら、ここに泊まるわけにはかぬ。私はトーラーと共に生きているので、ダビデ王のプサルムにもそう書いてあるのだから。私は金銀財宝よりもむしろトーラーのなかで生きていったほうが良いのだ」

「なんですって？」

「金銀財宝というのは決して身に付かないものだ。トーラ

ーのみが、そしてトーラーの教えを実行することのみが身に付く。起き上がったときに今日はどの方向に行けば良いかトーラーが教えてくれるし、寝るときにはトーラーが私を見守ってくれているし、起きたときにはトーラーの言葉が私の口をついて出る。私が死んで墓に横になるときにでも私を見てくださる。そしてメシアが訪れるときにはそのトーラーの言葉が私を蘇らせ、私が起き上がったときの言葉になる。神こそ銀であり、神こそ金である」

（第6章第9節）

これがユダヤ人の考え方である。金銀財宝に惑わされない。トーラーを生活の糧にする、これがベースである。そうすれば精神も生活も豊かになる。

＊註　ユダヤ教の宗教的指導者。

神はこの世に5つのものをもたらされた。

ひとつはトーラーである。

もうひとつは天地創造である。

もうひとつはユダヤ人の父、第一号のユダヤ人アブラハムである。

もうひとつはアブラハムの子孫のユダヤ人である。

もうひとつは、つまりこれが最後だが、エルサレムの神殿である。

プロバーブ(Proverb)第8章第22節に書かれているように、神は天地創造の最初にトーラーを与えられた。

天地創造の天は神が言われるように神の王冠であり、天地創造の地は神のおみ足である。そこで人間は神のためにいかなるものを建設するのか。そしてこの地上において神がお休みになるところはどこなのか。この地上は貴方の獲得されたもので満ち満ちている。
例えばジェネシス＊註の第14章第19節によれば、神はアブラハムを祝福された。そして神が作られたユダヤ人の国イスラエルがこの地上に置かれた聖なるものに向かって進むことができるように、つまり、かのエルサレムの神殿こそこの地上に神がおわしますところ。この神が創られた聖なる領地、神の右手が獲得された聖なる領地に。

（第6章第10節）

＊註　モーゼ五書の最初の書物。

神は全てのものを創造された。神の創造されたものは全て神の栄光に満ち満ちている。

イザヤ書第43章第7節に書かれているように、全てのものは神が無から創られ、形作られ、建築された。

エキソダス第15章第1節に書かれているように、神は永遠であり、永久である。


（第6章第11節）

コラム　２００９年に石角完爾が為した10年後の未来予測

何事にも我慢をし、自分達は貧しい食事をして異教徒から金を稼ぐユダヤ人について、私は２００９年の年頭にあたってブログで次のような10年後の未来予測をした。それから約９年経つが、当たっているような気がする。

人々の生活に一大変化をもたらした技術革新は蒸気機関の発明、電気の発見、コンピューター、インターネットの発達と色々あるが、ここ10年にも、それに匹敵するものがあるとすればそれは何か、という調査の結果をイギリスのデイリー・テレグラフ紙が２００８年12月23日に発表した。同紙によると、１位から10位までは次の通り。

１位　ワイ・マックス・テクノロジー（Wi-Max Technology）
２位　スカイプラス（Sky+）
３位　サット・ナビ（Sat Nav）
４位　ハイブリッド・カー（Hybrid Car）

5位　アイポッド（iPod）
6位　チップアンドピン（Chip and PIN）
7位　ニンテンドー・ウィー（Nintendo Wii）
8位　スカイプ（Skype）
9位　オイスター・カード（Oyster Card）
10位　ブラックベリー（BlackBerry）

ユダヤ人は誰もが好不況を問わず利用せざるを得ない世界的基本構造を創造し、それをビジネスに発展させる。

私は、『ユダヤ人国際弁護士が教える天才頭脳のつくり方』（朝日新聞出版）という本のなかでハッキリと、ワイヤレス・ブロードバンドがユダヤ人の注目する最大のインフラ（プラットフォーム）だと言ったが、まさに1位のワイ・マックス・テクノロジーがそうである。

ワイ・マックスというのは、フリー・ラージ・ワイファイ・ホットスポット（FLWi-Fi）のことである。つまり、無料の広域ワイファイ・ホットスポットである。今までは有料のワイファイか、無料ならばスターバックス店内とかレストランとかホテル内とかの「点」でしかホットスポットがなかったが、この無料のホットスポットが町全体を被うほどに広域化するテクノロジーをワイ・マックスという。

デイリー・テレグラフ紙によると、ワイ・マックスが今後10年にわたり世界に一大変化をもたらすというのである。私も同感だ。

無料の超広域ホットスポットが広がるとどうなるか？　無料で街中どこでもブロードバンドにアクセスできる。これこそ、ユダヤ人が今必死で考えビジネスにもっていこうとしているプラットフォームである。

スカイプは無料である。グーグルも無料である。それをもっと大きく包み込むのがフリー・ラージ・ワイファイである。フリー（無料）でかつラージ（超広域）になる。ここが改革のポイントである。

無料で超広域になると、何が起こるか？　メチャメチャ無謀な予想をしてみると、こうなる。

1　世界中全ての携帯電話会社は、経営が苦しくなる。

2　有線電話会社も全て経営が苦しくなる。

3　グーグルとスカイプが世界を支配する。

つまり、有線（光ケーブルも含む）とGSM（携帯通信）に依存していた全てのビジネスが倒産する。GSMとは、今の携帯の通話の無線通信技術である。このGSMで人々からお金をとる（通信料＋基本料）ことは、まったく不可能になる。

ただし、ワイファイは電力をGSMより使うので、超小型長寿命の電池の開発と研究はますます伸びる。電池会社は、最大の部品産業になる。

結論：グーグル＋スカイプ＋バッテリー　これが今後10年から20年、世界を支配していく。

ユダヤ人は今、この3分野に金を振り向けている。この大不況のときこそ、チャンスなのである。

イギリスはなんでも他より早い。イギリスのブリティッシュ・テレコム（British Telecom）社（現BTグループ）は、既にワイファイ携帯を売り出している。そしてイギリス中に格安のワイファイ・ゾーンである〝オープンゾーン（Openzone）〟を拡大中だ。利用者は3Gよりうんと速く、かつ格安の料金でワイファイ携帯を使い通話、ネット閲覧、Eメール送信ができる。

そのうち、今は格安だが、通話料はほとんど無料に近くなるだろう。ロックドされた携帯（その電話会社の電波しか拾わない携帯のこと）はまったく意味がなくなり、各国の携帯がブロードバンド・ゾーンに入ればどこでも無料で使えるようになる。なぜなら、ワイファイが広域無料化されれば、ロックドされているGSM携帯など誰も相手にしなくなる。

以上が、２００９年に私が為した10年後の未来予測である。かなり当たっているだろう。現に２０１７年のニューヨーク、マンハッタンでは無料の Wi-Fi Hot Spot 塔（Link NYC）が道路という道路の50メートルおきに建てられ、そこから無料の Wi-Fi が流れているので、誰でもその近くに行けば Wi-Fi 通話、通信が可能となる。またその塔には、無料の Wi-Fi 電話ができるタッチパネルが付いているので、全米どこからでも、どこへでも無料の Wi-Fi 通話ができる。従ってニューヨークにいるかぎりスマホを持っている必要はなくなってきている。

道路の至る所でスマホと同じ機能を持った塔が建っている。利用料は全く無料である。

おわりに——不自由なる自由

我々ユダヤ人は当然のことながらクリスマスとは関係がない。ところが、アメリカに行くと、不思議なことにユダヤ人のクリスマスというものがあるらしい。と言うか、アメリカ人がそう呼んでいるが、我々ユダヤ人はユダヤ人のクリスマスなどとは言わない。ハヌカ（Chanukkah）と言う。たまたま時期が重なるがハヌカのほうが大先輩だ。そこでハヌカについて説明しておこう。

まず登場人物と時代検証。時代は紀元前2世紀。場所はエルサレム。その頃のエルサレムを支配していたのがシリア・ギリシャ連合国。

アレクサンダー大王（Alexander the Great）、アンティオコス（Antiochus）、マタティアス（Mattathias）、ジュダ（Judah）、これらが登場人物である。

話はこういうことから始まる。

ユダヤ人にとっては当時も今も「コーシャ・フーズを食べるな、割礼《かつれい》（Circumcision）をやるな、安息日を祝うな」と言われると、ユダヤ人であることを止めろと言われるに等しい。我々ユダヤ人は毎週金～土曜日には安息日を祝うし、口にするのはコーシャ・フーズだけだし、生まれた男の子には必ず生後8日目に割礼手術をする。この3つをもし時の権力者がユダヤ人に禁止すると発令したら、我々は死刑宣告を受けたに等しいことになる。

紀元前325年、アレクサンダー大王が勢力を伸ばし中東まで支配下に治めた。ところが彼の死後、彼の帝国は分割され、中東すなわちエルサレムのある今のイスラエルの地域を支配したのがアンティオコスである。こいつがユダヤ人を非合法化するために「コーシャ・フーズを食べる奴は死刑に処す、割礼手術をやる奴は死刑に処す、安息日を祝う奴は死刑に処す」と発布した。

ギリシャのヘレニズム文化に感化されたユダヤ人のなかには「コーシャ・フーズもいりません、割礼もやりません。安息日も祝いません」と、これになびいたユダヤ人もいたが、ウルトラ・オーソドックス派のユダヤ人は反乱を起こして立ち上がった。その反乱軍の首謀者がマタティアスである。

マタティアスの反乱は紀元前169年から前166年まで3年間続いた。マタティアスはこの戦いのなかで命を失うのであるが、その子ジュダが後を引き継ぎ、戦いを継続した。ジュダが引き継いだ反乱軍は鉄の結束を誇ったので、ヘブライ語でハマー（Hammer）という渾名がついた。その一族をマカビース（Maccabees）と言う。

このジュダが率いる反乱軍がついにエルサレムを奪還するのである。ジュダ対シリア・ギリシャ連合軍との戦いがやっと決着した。ジュダの勝利で終わったのである。

だが、破壊された神殿を見て嘆いている暇はない。これを再建しなければならない。紀元前164年、ジュダはその破壊された神殿の再建のために木槌《きづち》を振るい、再建指揮を執った。それがユダヤ暦キスレヴ（Kislev）の25日目である。ちょうど西暦では12月のクリスマスの頃になる。

さて、ここからがいよいよハヌカのストーリーのファイナルになるのだが、ジュダが壊された神殿に足を踏み入れて再建の木槌を振るおうとしたところ、なんとそこにはたった1日分のランプの火を灯《とも》すオイルしか残されていないことが分かった。ところが神がミラクルを起こされ、そのオイルで8日間ランプの火を灯すことができたのである、と「タルムード」に書かれている。そこで人々はジュダの武力による勝利よりも、この神のミラクルを後世に祝うようになった。

タルムードは何を教えようとしているのか。〝武力よりも信仰〟である。それをタルムードは教えようとしてハヌカの祭りが始まった。かくしてハヌカの祭りは2000年以上の歴史を有するのである。クリスマスよりもはるかに古い。

神とはあらゆる制限、あらゆるコンストレイント（Constraint）が存在しないものであり、その意味においてインフィニット（Infinite）であり、ウィズアウト・リミット（Without limit）であり、ウイズアウト・コンストレイント（Without Constraint）である。

ユダヤ人はミツバ（Mitzvat）を実行するたびにリミテーション、コンストレイントから少しずつ解放されていくのである。ミツバを実行することにより自分自身のリミテーションからのリブレーション（Liberation）を成し遂げていくのである。

エキソダス、すなわち出エジプトとは人間がそのような状態から解放されたことを言うのである。エキソダスとは、あるいはパスオーバーとは、まさにそのプロセスを言うのである。毎日毎日、我々はエキソダスの実現に向かって努力しなければならないのである。

エジプトのファラオ、すなわちユダヤ人を奴隷化したファラオというのは一体いかなるシンボルであるのか、いかなることを比喩するのか？　それはユダヤ人一人ひとりのインナー・フリーダムを制限するネガティブな力、すなわち否定的なものの考え方、自分にはできないと思う自信のなさ、やらないでもいい口実をエジプトのファラオに例えるのである。

エジプトで奴隷になったということはいかなる比喩であるのか。それは人間の精神を解き放すことを制限する感情、あるいは物理的、肉体的な制限を言うのである。

では人間はいかにして、自分の能力及び精神がいかなる制限も受けることのない最大のポテンシャルを発揮する状態にすることができるのか。それは先に述べたパスオーバーのセダー（Seder）に現れているそれぞれの手続きを実行することなのである。苦いものを食べるとか、極めて不味いパンを食べるとか、そういったパスオーバーの一つひとつの手順がそれぞれ意味を持って人間の精神を自由に解き放す。

人間の能力及び精神がいかなる制限も受けることのない最大のポテンシャルを発揮する状態にするためには、それ以外のことにおいて逆に拘束を与える、つらい思いをする、ということが必要である。それがユダヤ人にとっては食事制限であり、日常生活における色々な戒律による制約である。

結論を言うと、「制約なくして自由なし」ということなのである。美味いものを食べて、やりたいことをやっていて、そして精神の自由も欲しいというのは贅沢《ぜいたく》な話なのである。**精神の自由、能力の最大限の発揮を求めるためには、それ以外のことにおいて不自由でなくてはならない。**

戦禍《せんか》の下の人々や難民の人々は極めて不自由な日常生活を送っている。そして世界広しといえどももうひとつ極めて不自由な日常生活を送っているユダヤ人という宗教グループに属するユダヤ教徒がいる。恐らく私の見たところ、ユダヤ教徒ほど好き好んで不自由な日常生活を送っている者は世界広しといえどもいないと言ってよい。とにかく戒律ずくめの不自由極まりない日常生活である。

だが、日常生活において戒律ずくめであるが故にユダヤ人は能力を発揮するのである。経済的にも成功し、学問的にもノーベル賞を受けるぐらいのレベルに達するのである。

さて、日本人の多くはグローバリゼーション（Globalization）と宗教が矛盾すると思っているかもしれない。しかしそれは大いなる誤謬《ごびゅう》である。

宗教色がなく、標準化され、無色透明であり、どこにでも当てはまるものがグローバル・スタンダード（Global Standard）だと思っているとすれば、それは日本人の間違った思い込みというよりも、日本人がむしろ騙《だま》されているからだと私は思う。

どこにでも通用するようにモジュール（Module）化され、共通化され、単純化され、規格化されたものがグローバル・スタンダード、グローバリゼーションだと日本人は思い込まされているのではないだろうか。実は最もローカル（Local）で、最も偏狭《へんきょう》で、最も部族的で、最も宗教的で、そして最も反グローバル（Anti-Global）なものが世界に広まるということに日本人は気づいていない。

世界の3大宗教、すなわちユダヤ教、イスラム教（Islam）、そしてキリスト教（Christianity）は徹底的に反グローバルな宗教である。これに対して日本の宗教と言える仏教（Buddhism）は異宗教、異人種に対し寛容《かんよう》で柔軟であるから、最もグローバル宗教である。

しかし、ユダヤ教もイスラム教もキリスト教も、仏教に比べると圧倒的に世界中に広まっている。ユダヤ教は、徹底的にユダヤ的でいっさいの異物を受けつけないのに、そのヘブライ聖書がほぼ全世界の人々に読まれているグローバル宗教である。

モジュール化され、単純化され、共通化され、標準化され、違うものに対し寛容なものは、実はグローバライズ（Globalize）しないのである。

それはなぜであろうか。魅力がないからである。


ならば仏教がなぜ世界中に広まらなかったのか。それはキリスト教と対比して異端を排除する強烈な自己主張の存否という違いがあるからである。

仏教には異端を排除する強烈な自己主張の存在があまり見られない。仏教は全てに関して寛容で心が広い。これに対してユダヤ教、イスラム教、キリスト教は強烈な自己主張と異端排除をその原点としている。その共通するところは偶像崇拝の禁止である。

一方、仏教は偶像崇拝の宗教である。仏像を信仰する。これに対してユダヤ教、イスラム教、そしてキリスト教、特にプロテスタント（Protestant）は偶像崇拝を禁止する。偶像を崇拝しないということはこれら一神教の共通の最大の原理であるが、それ故に神の存在が徹底的に抽象化される。それが一神教である。

仏教は偶像崇拝教であり、具象である仏像を崇拝する者は人種、肌の色、考え方、生き様、住んでいる所を問わず救われるとするためにグローバル化しない。

矛盾した言い方であるが、抽象的で排他的なものほどグローバル化し、具象化、具体的、すなわち偶像崇拝的、寛容的、柔軟なものはグローバル化しない。

抽象のものこそグローバル化し、具象のものはグローバル化しない。これは絶対の原理である。

いかに抽象のものに徹底できるか。それは「How」と「Why」と「What」の重点の置き方の違いである。

偶像崇拝者すなわち日本人などは、偶像すなわち具体的なものに目が向いてしまうために、「What」、「How」、「Why」のなかでどうしても「What」に重点が移ってくる。せいぜい行ったところで「How」である。何をどう作るか、何をどう売るかというところに留まってしまう。

これに対して一神教すなわち偶像崇拝を徹底的に排除する宗教を信仰する者達は、その抽象性を追求するあまり、なぜ神が存在するのかという「Why」を常に思考の原点に置く。この違いがグローバル化の違いとなってくる。

日本人には宗教心がないとか部族性がないということはない。先に述べた通り日本には仏教が根付いている。そして日本列島に住む単一民族という部族性もある。ただ日本発のグローバリゼーションというものが世界的に見てほとんどないのはなぜであろうか。

例えば日本発のガラケーはガラパゴス化して日本から外に出ていない。これに対してiPhoneは完全にグローバリゼーションを成し遂げている。

実はスティーブ・ジョブズ（Steve Jobs）の持っていた〝強烈な自己主張〟が日本のガラケーにはなくiPhoneにはある。これがグローバリゼーションの秘密である。強烈な自己主張、つまり強烈な宗教的信仰心、強烈な宗教へのこだわり、これがiPhoneグローバル化の根源、源泉になっているのだ。

つまり、なぜiPhoneでなければならないのか、なぜiPhoneは世界中の人に受け入れられるのか、世界中の人に受け入れられるためにはどうあるべきか、という「Ｗｈｙ」の徹底的な議論からiPhoneは生まれている。これに対して日本のガラケーは、便利な機能を持たせるためにはどんな部品を、どのように組み込めば良いのかという「Ｗｈａｔ」、「Ｈｏｗ」の議論から設計されている。この違いである。

ユダヤ教やイスラム教、キリスト教は偶像崇拝を徹底的に禁止する（カソリック（Catholic）はそうでもないが）ために神の存在というものが徹底的に目に見えないもの、抽象的なものになってくる。従ってユダヤ教徒、イスラム教徒（Muslim）、キリスト教徒（Christian）は抽象的な神の存在を頭のなかでこねくり回して考えなければいけない（つまり「Ｗｈｙ」）。

これに対して日本の仏教は、偶像崇拝を中心にするために神の存在が仏像、彫像、仏様のお姿という具体的なものになってくる。従って人々の信仰心は偶像の眼の形、手の様子、唇の開き方などという具体的な目の前のもの、つまり「Ｗｈａｔ」に向けられる。

この一神教と仏教という偶像崇拝教の違いが、実はガラケーとiPhoneの違いなのだ。iPhoneを生んだユダヤ‐キリスト文化は全て「Ｗｈｙ」から始まる。なぜイエス・キリストはこの地に降りられたのか、なぜイエス・キリストは十字架に磔《はりつけ》にされたのか、なぜユダヤの神はこの宇宙を創造されたのか、なぜユダヤの神はバベルの塔を壊されたのか云々と、「Ｗｈｙ」の議論が中心になる。

従ってiPhoneを設計するに際しても当然、なぜ人々は通信をしたがるのか、なぜ人々はConnectedであることを望むのか、なぜ人々は便利さを求めるのか、なぜ人々はグラハム・ベル（Graham Bell）が発明した電話を各家庭に引いているのか、という「Ｗｈｙ」の議論から始まる。これに対して日本の企業は、便利な機能は何かと、「Ｗｈａｔ」の議論から始まる。

「Ｗｈａｔ」の議論をする偶像崇拝民族のアプローチはグローバル化しない。「Ｗｈｙ」の議論から始まるユダヤ教、キリスト教、イスラム教のアプローチはグローバル化するのである。

抽象的なものはグローバル化し、具体的・具象的なものはグローバル化しないのである。

最近、日本でもイスラエル（Israel）のイノベーションブーム（Innovation Boom）が注目され、次から次へとイスラエルに産業界、経済界、政界、学会が視察団（Mission）を送り込んできている。イスラエル現地の日本大使館の職員はこの対応に追われててんてこ舞いである。

しかし彼らは全員、１週間から２週間の滞在でイスラエルのイノベーションの秘密を探ろうとしているが、全てイスラエルの「Ｗｈａｔ」、イスラエルの「Ｈｏｗ」を探し求めるために来ているようだ。イスラエルのどこがイノベーティブ（Innovative）で、イスラエルがどのようにイノベーション大国になったのか、「Ｗｈａｔ」と「Ｈｏｗ」ばかりを探そうとしている。

元々、日本の経済人や実業家たちの頭のなかにはこの「Ｗｈａｔ」と「Ｈｏｗ」が強く刷りこまれているために、どうしてもイノベーションと言えば「Ｗｈａｔ」と「Ｈｏｗ」だけに目が行ってしまう。

イスラエルのモービルアイ（Mobileye）はどんな技術を持っているのか（つまり「Ｗｈａｔ」）。モービルアイの研究はどのように成し遂げられたのか（つまり「Ｈｏｗ」）というものを一生懸命探ろうとするのが日本の経済人、実業家、そして政治家の見学ラッシュである。

別に我々は意図しているわけではないが、「Ｗｈａｔ」と「Ｈｏｗ」にはユダヤ人がなぜイノベーティブか、なぜ世界の科学技術を数千年にわたってリード（Lead）してきているのかの秘密は隠されてはいない。

なぜイスラエルが建国わずか70年の間に世界のイノベーションをリードするようになったのか。それは元々イノベーティブなユダヤ人がイスラエルに集まってきたからに過ぎない。

そして、ユダヤ人はなぜ元々イノベーティブなのかという秘密を日本の経済人は探ろうともしないし、分かろうともしていない。彼らの頭のなかには「Ｗｈａｔ」と「Ｈｏｗ」が詰まっており、それ以上に頭が働かないからだ。

イノベーションの技術とは何か、そのイノベーションはどうして生まれたのか、という「Ｗｈａｔ」と「Ｈｏｗ」だけを探るために、せっせとイスラエルに視察団を送り込んでいるが、その姿は愚かですらある。その日本人に徹底的に欠けているものは「Ｗｈｙ」の思考である。「Ｗｈｙ」の思考こそ偶像崇拝を禁止する一神教の根幹なのだ。

一神教であるユダヤ教がなぜ偶像崇拝を禁止するのか。強烈な宗教原則だからだ。それは「Ｗｈａｔ」と「Ｈｏｗ」に囚われてはいけないという強烈な宗教原則だからだ。偶像崇拝を禁止する一神教、イスラム教もそうだし、キリスト教もそうだし、その中心になるユダヤ教は、「Ｗｈａｔ」と「Ｈｏｗ」に囚われない人間を創るために神がつかわされた一神教だからだ。

神はこう思われた。「Ｗｈａｔ」と「Ｈｏｗ」に囚われる人間が生まれると、物欲、競争心、羨《うらや》む心、比較心が生まれ、神がなぜこの宇宙を創造されたのかという根源的な問題に目が行かなくなってしまう。そのような人間ばかりが生まれれば、この世は欲に満ち、人の物を奪おうとし、争いごとに満ち満ちる人々に満たされる。それを神は恐れられて偶像崇拝を禁止し、「Ｗｈａｔ」と「Ｈｏｗ」とだけを頭のなかに人間が詰め込まないようにされたのだ。

日本の自動車業界は近年、自動運転技術の開発に躍起《やっき》になっているが、グーグルが自動運転をその企業目的に取り上げてから既に十数年の時間が経過している。そしてそれがどうもグローバル・スタンダードになりつつあるということで慌てて後を追いかけているに過ぎない。

結局、「Ｗｈａｔ」と「Ｈｏｗ」を頭のなかに詰め込んでいる日本の企業人は人の物を羨むという心から来ることに振り回されることになる。

自動運転の研究を始めたのはグーグルが世界で最初だが、これも「Ｗｈｙ」の思考から生まれている。ユダヤ人であるグーグルの２人の創業者がカリフォルニア（California）の上空を飛行機で飛んでいるときに眼下に見える高速道路にぎっしりと連なった渋滞の車列を見て、なぜ人々は車のなかに閉じ込められている時間がかくも長いのか、なぜ人々は車を運転するのか、なぜ交通事故はなくならないのか、なぜ人が車を運転しなくてはならないのか、なぜ道路があるのか、なぜ交通法規があるのか、という「Ｗｈｙ」に思いを巡らせたうえで至った結論が、「人が車を運転するべきではない。人工知能が車を運転すれば人は車のなかに閉じ込められることもなく、人が運転するよりも事故は圧倒的に少なく、ゼロに近くなる。そして、より環境に優しい電気自動車が最も自動運転に適している」ということなのである。

日本の企業人にはこの「Ｗｈｙ」の思考から生まれるものがほとんどないように私には思われる。

この「Ｗｈｙ」の思考こそ偶像崇拝を禁止する一神教の根源なのだ。そして、この「Ｗｈｙ」の思考こそ、国境という垣根を越え、大陸という地理的制限を越え、最もグローバルに広まり、受け入れられるものなのである。

人間が「Ｗｈｙ」を考えるように神が人々を創られ、天地を創造されたと考える一神教、すなわち偶像崇拝禁止の宗教が根幹にあってグローバリゼーションがうねりのような力を持って現代社会を導いていることに、日本の企業人、企業家、銀行家、実業家は気づいておらず、偶像崇拝者の目で「Ｗｈａｔ」と「Ｈｏｗ」ばかりを追い求めている。

石角 完爾

石角完爾（いしずみ・かんじ）

1947年生まれ。京都大学を首席で卒業。同大学在学中に国家公務員上級試験、司法試験に合格。通商産業省（現・経済産業省）を経て弁護士に。ハーバード大学ロースクール修士号取得、ペンシルバニア大学証券法修士課程修了。1978年、ハーバード大学ロースクール博士課程合格。

ニューヨーク、ウォールストリートの法律事務所シャーマン・アンド・スターリングを経て、現在、東京の千代田国際経営法律事務所所長、代表弁護士。ベルリンのレイドン・イシズミ法律事務所代表。国際弁護士としてアメリカ、ヨーロッパを中心にM&Aのサポートなどで数多くの実績がある。

2002年、米国認定の教育コンサルタント資格を取得。2007年、難関の試験を経てユダヤ教に改宗し、ユダヤ人となる。北欧在住。

著書には『日本人の知らないユダヤ人』（小学館）、『ユダヤ人の成功哲学「タルムード」金言集』（集英社）、『ユダヤ式Why思考法』（日本能率協会マネジメントセンター）などがある。


著者エージェント◎アップルシード・エージェンシー

ユダヤ 知《ち》的《てき》創《そう》造《ぞう》のルーツ
超《ちょう》一《いち》流《りゅう》を育《そだ》てる不《ふ》屈《くつ》の精《せい》神《しん》＋究《きゅう》極《きょく》の習《しゅう》慣《かん》

2017年10月1日　第1刷発行

著　者　石角完爾《いしずみかんじ》
発行者　佐藤　靖
発行所　大和《だいわ》書房
〒112-0014　東京都文京区関口1-33-4
電話　03（3203）4511

装　幀　石間　淳
本文印刷　厚徳社
カバー印刷　歩プロセス
製本所　ナショナル製本

ISBN978-4-479-79599-5
乱丁・落丁本はお取替えいたします
http://www.daiwashobo.co.jp